카피라이터의 마음을 훔친

광고, 다시 봄

나남
nanam

2019년 11월 11일 발행
2019년 11월 11일 1쇄

지은이   정이숙
발행자   趙相浩
발행처   (주)나남

주소   10881 경기도 파주시 회동길 193
전화   031-955-4601(대)
팩스   031-955-4555
등록   제1-71호(1979.5.12)
홈페이지 www.nanam.net
전자우편 post@nanam.net

ISBN   978-89-300-4022-8
         978-89-300-8655-4(세트)

카피라이터의 마음을 훔친

광고, 다시 봄

정이숙 지음

나남
nanam

광고 카피가 무언지, 카피라이터가 뭘 하는 사람인지 제대로 알지 못한 채 카피라이터가 되었다. 미숙한 신입 카피라이터로 처음 배정받은 부서는 롯데제과를 전담하던 팀이었다. 껌과 과자, 사탕, 얼음과자 등이 우리 팀에서 광고해야 할 품목이었다. 처음 카피를 써서 선임 카피라이터에게 보여줄 때는 마치 밤새 몰래 적은 일기장을 남에게 보여주는 것처럼 부끄러웠다. 내가 쓴 카피를 받아 든 사수는 아무 말도 하지 않고 담배를 꺼내 물었다. 얼굴이 발갛게 달아올랐다. 내가 써서 최초로 매체에 실린 신문광고의 헤드라인은 "순이야, 놀자!"였다. 한 선배가 그 신문을 오린 뒤 비닐로 코팅해서 내게 주었다. 책상 옆 벽에 그 부끄러운 그림일기를 걸어 두고 신입 시절을 보냈다. 그렇다, 광고업의 성장률이 두 자릿수였고 사무실에서 흡연이 가능하던, 호랑이 담배 피우던 시절의 이야기다.

그 후로 오랫동안 광고에, 카피에 기대어 살았다. 카피는 나에게 밥벌이였고, 잘하고 싶은 것이었고, 부족함을 느끼게 하는 것이었다. 좋은 광고, 잘 쓴 카피를 보면 마음이 설렜고, 광고주에게 하찮은 대우를 받을 때는 참담했다. 카피라이터라는 호칭을 얻은 지 30년이 넘도록 아직도 카피라이터로 불리고 있다. 놀고먹을 능력이 없어서 여태 일을 하고 있다고 말하지만, 내심 다행이라고 생각한다. 초등학교 2학년 때 장래희망이었던 '시인' 흉내를 조금은 낼 수 있는 직업이라는 허영도 있다. 고작 여고 때 문예반 활동을 했던 알량한 글재주로 '라이터'(writer)가 붙은 직업을 얻었으니 행운이 아닐 수 없다.

광고의 가장 큰 소임은 소비자의 마음을 얻는 일이다. 카피가 해야 할 일도 당연히 사람을 꼬시는 일이다. 가지고 싶고 먹고 싶고 하고 싶은 본능을 자극해서 광고하는 제품이나 브랜드에 마음과 지갑을 열게 해야 한다. 그 일을 잘하려면 우선 내가 먼저 광고하는 제품을 사랑해야 한다. 광고할 제품에 대해 공부하다가 그 제품을 사랑하게 되어… 내가 먼저 사게 되는 일이 비일비재했다. 소비자보다 내 지갑이 먼저 열려서 홀쭉해지기도 했다.

카피를 쓰면서 나는 카피의 속성이 대놓고 장사하는 것이라서 좋았다. 카피는 '이 물건을 사세요, 이 브랜드를 사랑해 주세요'라는 속셈이 뻔한 글이고, 보는 사람이 그 속셈을 다 알고 있는 글이라 마음이 편했다. 내숭을 떨어도 누구나 금방 알아차리는 상업문이라, 대부분은 읽지 않고 지나치는 1회성 글이라 쓸쓸하기도 했지만 부담도 없었다. 미친 듯이 경쟁 프레젠테이션에 몰두하고 꿈에서도 아이디어를 생각하던 시절이 지나갔다. 지금 나는 뜨거운 광고 현장에서 한발 떨어져 한가한 카피라이터가 되었다. 그런데도 여전히 카피는 내게 새로운 기회와 가능성을 열어 주고 있다.

이 책의 씨앗은 〈한국일보〉 '삶과 문화' 코너에 2년 가까이 연재했던 칼럼이다. 원고 청탁을 받았을 때 광고 카피를 소재로 칼럼을 써야겠다고 생각했다. 삶에 대한 통찰을 담고 있는 주옥 같은 카피를 소개하고 싶은 마음이 컸다. 작업은 대한건축사협회에서 발행하는 월간 〈건축사〉의 '정카피의 광고 이야기' 코너로 이어졌다. 매달, 나와 세상에 일어난 일들을 살피고 거기에 알맞은 카피를 찾았다. 소개하고 싶은 카피에 내 이야기를 끼워 넣기도 했다.

연재했던 글을 버리지 않고 모아 책으로 엮을 수 있어서 고맙고 행복하다. 어린 시절 등불이 되었던 많은 책을 펴낸 '나남출판사'라서 더욱 영광스럽다. 나남의 조상호 회장님과 편집부 식구들을 처음 뵐 때는 좋아하는 아이돌 그룹을 만나는 팬이 된 것처럼 떨렸다.

책이 나오기까지 고마운 이들이 참 많다. '재학생 중에 글을 제일 잘 쓴다'고 분에 넘치는 칭찬을 해주셨던 대학 은사이신 최정호 선생님! 선생님 칭찬에 내가 진짜 잘 쓰는 줄 알고 무언가를 계속 쓸 엄두를 냈다. 책을 내라고 격려해준 오명철 선배님! 친오라비처럼 챙겨 주셔서 늘 감사하다. 잊을 만하면 한 번씩 '다음 책은 언제 나와요? 준비하고 있죠?'라는 말로 엄마를 자극해준 큰아들 성현과 '엄마는 일하는 거 좋아하잖아요'라며 일에서 도망치고 싶은 마음에 제동을 걸어준 막내 채현이. 광고에 엄마를 뺏기고도 잘 자라주어 고맙다. 아이들이야말로 내가 이 생에서 만난 가장 큰 행운이다. 일본 광고 번역을 감수해준 이주성 선배님, 조건 없이 디자인을 맡아준 임영한 씨, 프로필 사진을 찍어준 김양현 씨, 타이틀을 써준 송환영 씨, 칼럼을 읽고 넘치는 칭찬과 격려를 주었던 친구와 선후배들 그리고 보석 같은 광고를 만들고 카피를 써서 내 글이 있게 한, 이름도 모르는 수많은 업계 동료들에게도 고맙다는 말을 전하고 싶다.

가끔 어떤 카피보다 더 날카로운 비수 같은 한마디로 나를 놀라게 하는 우리 엄마에게 이 책을 바친다. 엄마, 사랑해요!

2019년 가을이 시작되던 날,

정이숙

차례

여름

가을

겨울

겨울에서 봄 사이

다시 봄

/

봄

/

01

봄맞이 때 청소

3월이 성큼 다가왔다. 묵은 때를 벗기려고 엄마를 모시고 목욕탕에 갔다. 성인 5천 원, 소인 3천 원 하는 동네목욕탕. 오렌지빛깔 수건을 두 장씩 받아 들고, 신발은 벗어 신발장에 넣고, 허술한 커튼을 젖혔다. 탈의실 겸 매점 겸 간이식당이자 메이크업룸인 내실 한가운데에 여느 대중목욕탕과 다르지 않게 널찍한 평상이 놓여 있다. 한쪽 벽에는 옷장이 아래위 두 줄로 서 있다. 옷장 옆 선반에는 단골들이 맡겨 놓은 알록달록한 목욕 바구니들이 나란히 주인을 기다리고 있다.

평상에서는 언니, 동생으로 서로를 부르는 주인과 손님들의 수작이 한 창이다. 번쩍이는 반짝이가 붙어 있는, 내 눈에는 하나도 안 예쁜 옷을 예쁘다, 입어 보라, 서로 권한다. 과일을 깎아 나눠 먹고, 뚱뚱한 어깨에 부항을 붙여 주며 "아랫배가 홀쭉하네잉!" 거짓말을 한다.

"따님이랑 같이 오셨네요? 난 아들만 둘이라⋯. 부러워요."
처음 만난 머리 허연 아주머니가 말을 건넨다.
"그러게요, 딸이 있으니 좋네요. 그래도 아들이 있어야 든든하죠."

딸도 있고 아들도 있는 우리 엄마, 공연히 으쓱한 기분이 되어 아들만 둘인 아주머니를 위로한다.

목욕탕 안에는 할머니 따라온 두어 살배기 뽀얀 아기가 물장난을 치고 있었다. 다 마신 빈 우유통이 아기의 손에서 배가 되어 대야 위를 떠다녔다. 구석에서는 가슴 막 자라기 시작한 소녀 둘이 소곤대며 몸을 씻고 있다.

"엄마, 때밀이 아줌마한테 때 밀래요?"
"미쳤어? 왜 그런 데 돈을 써?"

엄마의 지엄한 말씀에 나는 엄마의 등에 비누칠을 하고, 엄마는 내 등을 연두색 이태리타월로 문지르신다. 오래전 초등학교 때 나의 단골 세신사는 7번 아줌마였다. 엄마가 목욕탕에 동행할 수 없을 때는 7번 아줌마를 찾아 몸을 씻었다. 그 시절 대중목욕탕에는 빨래를 하지 말라는 안내문이 아무렇지도 않게 붙어 있었다. 그래도 엄마는 아무렇지도 않게 빨랫비누를 문질러 벗은 속옷과 수건을 빨았다. 두꺼운 겨울 내복을 빨지 않는 것 정도가 예의를 차리는 것이었다.

개운한 몸과 마음으로 목욕탕을 나왔다. 엄마의 발걸음에 맞추어 천천히 걷는데 들어갈 때보다 햇살이 좀더 따뜻하게 느껴진다. 아직 바람은 쌀쌀하고 수은주는 자주 영하에 머물고 있지만 봄을 이기지 못하는 겨울은 물러날 채비를 하고 있다. 봄을 맞으러 어디 남도에라도 가고 싶은 마음이 들었다. 봄기운 오르기 시작한 들판을 자동차로 드라이브하며, 좋은 날이 올 거라고 노래하던 어느 타이어 광고가 떠올랐다. 아니, 그 광고 속 싸이의 노래가 생각났다는 말이 더 정확하겠다.

금호타이어-싸이 컬래버레이션 뮤직비디오, 2016

노래
/
까만 밤을 지나야 해가 뜨듯이
차디찬 겨울 지나야 봄이 오듯이
고통의 시간을 지나 그래 보자 누가 이기나
끝내 좋은 날이 온다 반드시
걱정 말아요 그대 반드시 이유가 있겠지
실패하더라도 실망하지 말고
인생 다시 살아 좋은 날이 올 거야
인생 우는 만큼 웃는 거야

자막
/
좋은 날이 올 거야
Better, All-Ways

가수 싸이와 금호타이어의 컬래버레이션으로 2016년 4월에 만들어진 이 광고는 일상에 지친 젊은이가 위로받고 기운 냈으면 하는 마음으로 제작되었다고 한다. 광고 카피는 싸이의 〈좋은 날이 올 거야〉라는 노래 가사로 거의 채워져 있다. 함께 녹음한 로커 전인권의 목소리가 삶이 힘든 이들을 토닥토닥 위로한다.

겨울 뒤에 봄이 올 것을 알면서도 자주 겨울을 견디는 일이 쉽지는 않다. 유독 내게만 기나긴 겨울이 계속될 것 같은 때도 있다. 그러나 결국 봄은 오고 겨울을 이긴 봄꽃이 지천에 활짝 피어날 것이라고 광고 안의 노래를 들으며 스스로를 다독인다. 시간은 흘러 결국 묵은 때 활활 벗긴 내 몸에도, 여든네 번의 길고 추운 겨울을 넘긴 우리 엄마의 몸에도 싱그러운 봄기운이 넘칠 것이다. 겨울 내내 그렇게 한마음으로 민주와 정의를 원하는 촛불을 밝혔으니 이제 곧 광화문 광장에도 환한 꽃 소식이 들릴 것이다. 촛불 대신 축하의 불꽃이 봄 하늘을 가득 채울 것이다. 어느 때보다 간절히 새봄을 기다린다.

02

집과 진심

넓지도 좁지도 않은 골목에 모양은 똑같고 대문과 옥상 난간의 페인트 색깔만 다른 단층 양옥집 세 채가 나란히 있었다. 아버지와 아버지의 지인들이 한동네에 땅을 사고 집을 지었다고 했다. 양지바른 반듯한 땅을 사서 남향으로 집을 앉히고, 친한 친구에서 정다운 이웃이 되어 도란도란 살아가는 모습을 그리며 그렇게 하셨을 것이다. 그 집으로 이사 간 것은 나 다섯 살 무렵이었다. 어른들은 왔다 갔다 부산스럽게 이삿짐을 나르는데 살던 집을 떠나는 것이 슬퍼 옛집의 기둥에 매달려 가지 않겠다고 울었다. 지금 생각하니 그것이 그때까지 만 3년 짧은 인생살이에서 처음 겪은 이별이었다. 지금은 구석기 시대만큼이나 아득하게 느껴지는 1960년대 말에 있었던 얘기다.

그 세 채의 집은 한동안 동네에서 제일 훤한 풍모를 자랑했다. 담장 너머로 특별한 반찬이나 떡이 오고 가기도 했다. 동갑내기 옆집 사내아이가 펌프가 있는 마당에서 깨벗고 물장구치는 소리도 담을 넘어 들렸다. 여름밤이면 옥상에 올라가 누워 별을 바라보았다. 골목에 가로등도 없던 시절이었다. 24시간 불 켠 네온사인도 없었다. 더위를 쫓으려고 부채가 펄렁거렸고, 모기를 쫓으려고 모깃불이 피어올랐다. 달 속에 계수나무가 보였고, 별똥별이 떨어졌다. 눈을 감아도 눈꺼풀 안으로 별이 쏟아졌다.

가을이면 집 안의 창문을 모두 떼어 헌 창호지를 벗겨 내고 새 창호지를 발랐다. 양옥집이었는데도 유리로 된 창문 안쪽에는 창호지를 바른 전통 창문이 한 겹 더 있었다. 미닫이 손잡이가 있는 곳에는 꽃이며 단풍잎을 끼워 넣은 뒤 창호지를 한 겹 더 발랐다. 온 마당에 새하얀 창호지가 발린 창틀을 널어놓고 햇볕에 말렸다. 새 창으로 들어오는 햇볕은 투명했고 더 밝고 더 따뜻하게 느껴졌다. 겨울엔 뜨끈한 아랫목에 밥을 묻어 두었고, 봄엔 작은 마당에 채송화 씨를 뿌렸다. 계란 장수는 머리에 대야를 이고 계란을 팔러 다녔고, 엿장수의 가위 소리가 심심치 않게 대문을 두드렸다. 그 집에서 사춘기를 지냈고 시인이 될 꿈을 꾸었고 첫사랑과 이별했고 대학생이 되었다. 집과 같이 자라 집보다 더 나이를 먹었다.

아쉽게도 그 시절은 길지 않았다. 어쩌면 지나고 보니 아쉽게 느껴지는 것인지도 모르겠다. 사실, 시간이 흐를수록 그 집은 춥고 덥고 불편하고 늙어 갔다. 그럼에도 그 늙은 집은 부모님의 진심이 담긴, 이웃과 소통하며 살았던 내 삶의 증인이었다.

그 집을 떠나 아파트로 옮겼다. 수백 세대가 한 단지에 사는 아파트에서 나는 철저하게 고립된 존재였다. 이웃의 얼굴도 몰랐고 엘리베이터에서는 다른 사람과 눈 마주치기가 싫어서 허공만 쳐다보았다. 어쩌면 아파트라는 공간으로부터도 소외되어 누군가 금 그어둔 공간에 나를 맞추어 살았다. 대문 색깔을 멋대로 골라 칠하는 일도 없었고 창문에 꽃잎을 끼워 새로 바르는 일도 할 수 없었다.

아파트는 원래 그런 것이라고 생각했다. 익명으로 사는 것이 당연한 세상, 값이 올라가 서민이 재산을 늘리는 수단, 불편해도 참아야 하는 공간, 나의 요구가 있기 전에 먼저 존재하는 장소, 그래서 무언가 요구할 수 없는 이미 정해진 곳이 내가 사는 아파트였다. 그러다가 한 편의 아파트 광고를 보았다. 지금까지 아파트에 대한 나의 맹목적인 복종, 저항 없는 순응에 경종을 울리는 광고였다.

e편한세상 광고의 첫 장면은 '진심이 짓는다'라는 자막으로 시작된다. 다음 컷은 아름다운 드레스를 입은 여배우가 통유리 창밖으로 도심의 야경을 내려다보는 장면이다. 그때 내레이션이 흐른다. "톱스타가 나옵니다. 그녀는 거기에 살지 않습니다." 그 장면을 보고 우선 '어? 이것 봐라? 무슨 말을 하려는 거지?' 하는 궁금증이 일었다.

그다음 장면에는 당당한 풍채를 자랑하는 유럽의 성이 나온다. 성이 나올 때 다음과 같은 내레이션이 들린다. "유럽의 성 그림이 나옵니다. 우리의 주소지는 대한민국입니다." 아파트 광고에 톱스타를 모델로 기용하고, 외국의 아름다운 장소에 가서 촬영하는 것이 당연하게 여겨지던 시절이었다. 이런 광고를 내보내는 e편한세상조차 그전에는 채시라라는 유명한 배우를 모델로 써서 광고를 만들었다.

이어 비현실적인 화려한 실내 인테리어가 사라지고, 실제 우리 집 같은 공간에서 목욕하고 요리하고 잠자는 가족의 모습이 보인다. 그리고 항

대림산업, e편한세상, '진심의 시세' 편, TVCM, 2009

Na.

/

톱스타가 나옵니다.

그녀는 거기에 살지 않습니다.

유럽의 성 그림이 나옵니다.

우리의 주소지는 대한민국입니다.

이해는 합니다.

그래야 시세가 오를 것 같으니깐….

하지만 생각해 봅니다.

가장 높은 시세를 받아야 하는 건 무엇인지.

저희가 찾은 답은 진심입니다.

자막

/

진심의 시세

공촬영한 아파트 옥상 꼭대기에 '진심의 시세'라는 자막이 뜬다.

e편한세상은 누구나 알고 있지만 광고라는 이유로 봐주던 과장과 거짓말을 전면으로 부정하면서, 실제 있는 팩트만 가지고 광고를 만들었다. 이 '진심의 시세' 편을 시작으로 이어진 열두 편의 시리즈 광고에 담은 사실들은 하나하나가 e편한세상이 아파트에 실제로 적용하고 있는 실체였다.

아파트 주차장을 소재로 만든 광고 한 편을 예로 들어 보자. 광고는 차의 문을 겨우 열고 나오는 좁은 주차장과 10㎝를 넓게 만들어 양쪽의 차 문을 모두 편안하게 열고 내릴 수 있는 e편한세상의 주차장을 비교해서 보여준다. 10㎝는 겨우 손가락 두 개 사이의 짧은 거리다. 그 짧은 거리가 주차할 때는 큰 차이를 만든다. 주차 공간이 좁아 애를 먹었거나, 내릴 때 문을 열기 힘들어 몸이 끼어 봤던 사람이라면 누구나 공감할 상황이다. 그리고 아주 작은 부분까지 사는 사람을 배려한 진심을 느끼게 된다.

인쇄광고도 캠페인의 뜻에 발맞추어 팩트를 소재로 제작되었다. 대부분의 사람들이 살기 싫어해서 시세도 다른 층보다 낮은 아파트 1층을 소재로 만든 인쇄광고를 보자. 1층에 대해 실제로 느끼는 불편과 그에 대한 해결책을 마련한 e편한세상 아파트를 사례로 보여 준다.

새집 증후군을 걱정하는 이들에게는 '베이크 아웃'이라는, 처음 들어보지만 그럴듯한 장치로 안심을 시킨다.

대림산업, e편한세상, '10㎝' 편, TVCM, 2009

Na.

/

10㎝, 손가락 두 개 사이의 거리.

아파트를 짓는 사람들이 쉽게 포기할 수 없는 거리.

하지만 좁은 곳에 주차해본 이들에게는 매우 넓게 느껴질 거리.

10㎝.

고집스러운 생각이 만드는 차이 10㎝.

자막

/

10㎝의 진심

대림산업, e편한세상, '1층' 편, 인쇄광고, 2009

1층
"1층은 인기가 없다!"
그럼 1층에 바람길을 만들자!
e편한세상 오산 원동
"1층 문 앞은 왕래가 많다!"
그럼 1층 집에 출입문을 분리하자!
e편한세상 신도림
"1층은 사생활 보호가 힘들다!"
그럼 1.5층을 만들자!
e편한세상 평촌 오렌지 로비
답은 있습니다.
진심만 있으면.

'진심이 짓는다' 캠페인은 그전까지의 아파트 광고와는 완전히 다른 메시지와 모델 전략, 분위기로 2009년부터 2년 정도의 기간에 약 12편의 브랜드광고와 4편의 극장광고를 집행했다. 그 결과 브랜드 인지도 및 선호도는 이전의 5위에서 2~3위권으로 올라갔고 브랜드의 향후 발전 가능성은 1위로 급상승했다. 그리고 광고를 통한 구매 의향률은 88%에 이르렀다. 이 캠페인의 성공 이후 아파트 광고계에는 빅모델을 활용한 광고가 줄어들고 환상적인 이미지보다 진솔한 삶의 모습을 보여 주는 광고가 늘어나는 현상이 나타나기도 했다.

물론 광고를 잘 만들어서 아파트가 좋아진 것은 아니다. 사는 이들을 배려하는 건설회사의 구체적인 노력이 있었기 때문에 그것을 소재로 광고를 만들 수 있었다. 전국 모든 e편한세상의 주차장이 10㎝ 더 넓지는 않고, 베이크 아웃 방식을 실행하지는 않았다. 오히려 광고에 나오는 편안함을 갖춘 곳은 고작 몇 군데에 불과할 것이다. 그럼에도 광고가 보여준 작은 진실과 진심은 e편한세상의 이미지를 높이는 데 막대한 공헌을 했다. 이전의 아파트 광고가 추상적이고 고급스러운 이미지 전달에만 치중했고, 소비자는 내가 사는 아파트의 구체적인 팩트에 목말랐다는 뜻이다. '진심이 짓는다' 캠페인을 보며 비로소 내가 사는 아파트가 많이 불편하게 느껴졌다. 알았지만 참아 왔던 불편들이 구체적으로 체감되었다.

얼마 전에 이사를 했다. 그리운 내 낡은 집을 떠난 후 열 번째 이사였다. 아파트에서 아파트로 이사하기 전에 한참을, 마당과 지붕이 있는 단독주택을 보러 다녔다. 한밤중에 불을 끄면 별이 켜지고, 텃밭의 상추와 깻잎을 따서 저녁 밥상에 올릴 수 있는 집에 살고 싶었기 때문이

대림산업, e편한세상, '베이크 아웃' 편, 인쇄광고, 2009

베이크 아웃(Bake Out)

구워서 내보낸다.

새집 증후군 줄이기 위해

입주 전 난방을 가동해

나쁜 냄새 나쁜 공기를

밖으로 내보낸다.

새집 냄새가

새집의 설렘을 방해하지 않도록

진심은 집도 굽는다.

다. 여러 가지 제약에 막혀 꿈을 이루진 못했지만 내가 살 집을 내 손으로 고르기 시작한 지 30여 년 만에 처음으로 집에 대한 나의 진심을 돌아보는 계기가 되었다.

아마 몇 년 안에 또 이사를 해야 하는 때가 올 것이다. 그때는 내가 진심으로 원하는 집에 한 걸음 더 가까운 곳으로 옮길 수 있었으면 좋겠다. 집값이 올라 돈을 벌었다는 사람들이 여전히 부럽기는 하지만 집값이 오를 것을 기대하고 불편함을 감수하지는 않을 것이다.

03

봄 꽃 피면, 봄 술 한잔

봄이다. 햇살은 다사롭고 꽃향기가 골목을 떠다닌다. 그리고 봄바람이 분다. 4월에 부는 바람은 '살랑살랑'이다. 꽃샘바람처럼 매섭지 않은 대신 부드럽고 다정하다. 밖으로 나오라는 봄의 손짓 같다. 미세먼지만 아니라면 몇 시간이고 바람에 흔들리며 걷고 싶다.

4월이 되면 제일 먼저 김소월의 〈바람과 봄〉이라는 시가 생각난다. 이 시에서 소월은 속삭인다. 이 봄, 마음이 이토록 흔들리는 건 내 탓이 아니라고, 저녁 어스름이 찾아오면 술 생각이 나는 것도 내 잘못이 아니라고. 그건 모두 꽃향기 때문이고 봄바람 때문이라고….

> 봄에 부는 바람, 바람 부는 봄,
> 작은 가지 흔들리는 부는 봄바람,
> 내 가슴 흔들리는 바람, 부는 봄,
> 봄이라 바람이라 이내 몸에는
> 꽃이라 술잔이라 하며 우노라.
>
> 〈바람과 봄〉, 김소월

봄
/
취직을 했다.
도쿄의 남자 앞에서는
아직 술을 마신 적이 없다.

여름
/
도쿄에는
좋아하는 사람이 생겼다.
니가타에는
좋아했던 사람이 있다.

가을
/
친척 전원이 모이는
우리 집의 제사(齋)를
도쿄 사람에게 설명하는 건
정말 어렵다.

겨울
/
도쿄가 맑은 날,
니가타는 눈이 내렸다.

요시노가와, 기업PR, 신칸센 열차 내 광고, 2011

봄에 술잔을 반겼던 소월을 핑계로 나는 술잔을 채운다. 봄밤에 마시는 향기로운 술은 달콤하다. 한잔 술 더에 여기, 오늘이 봄이 내 생의 첫 봄인 양 설렌다. 지나간 세월이 파노라마처럼 머리를 스쳐 지나간다. 아득하고 애틋하다. 앞으로 몇 번의 봄을 더 맞이하게 될까? 아직 오지 않은 봄마저 그립고 아쉽다.

소월의 시처럼 술을 권하는 광고가 있다. 일본 니가타 현 나가오카 시에 있는 일본 술 양조장 요시노가와 주식회사의 사케 광고이다. 요시노가와는 2011년부터 최근까지 도쿄와 니가타를 오가는 신칸센 열차 안에 계절에 따라 액자형 광고를 진행하고 있다. 광고의 주인공은 니가타에서 나고 자란 뒤 도쿄에 있는 회사에 취직한 젊은 여성이다. 2011년과 2012년의 시리즈는 주인공이 도쿄에 상경하여 소녀에서 숙녀로 성장해 가는 이야기를 그리고 있다.

여자는 도쿄에 와서 좋아하는 사람이 생겼다. 고향에는 좋아했던 사람이 있다. 광고에 굳이 술잔이 보이지 않아도 술 한잔이 생각나는 상황이다. 지금 멀리 떠나왔기 때문에 고향의 소중함을 알게 되었고, 아버지가 늘 마시던 술을 함께 마시며 고향의 술을 배운다. 그렇게 소녀는 자라 숙녀가 되었다.

시리즈를 거듭할수록 그녀는 점점 나이를 먹는다. 도시에서 실연을 당하고, 고향에서 먼저 결혼해서 아이 엄마가 된 친구를 보며 마음이 흔들리기도 한다.

2014년, 그녀는 청혼을 받고 제일 먼저 고향의 부모님을 떠올린다. 좋

봄
/
처음으로 아빠랑 술을 마셨다.
어릴 때부터 집에서
아빠가 마시던 술이다.

여름
/
어린 시절부터 보았던
나가오카의 불꽃놀이를
보러 가지 않은,
첫 번째 여름.

가을
/
그 사람을 위해
뜨개질을 시작했는데,
어느새
니가타의 아빠 것을 뜨고 있다.

겨울
/
도쿄에 나왔기 때문에
니가타라는 둘도 없는
고향이 생겼다.

요시노가와, 기업PR, 신칸센 열차 내 광고, 2012

봄
/
도쿄에서
실연을 당했다.
술이 세서,
다행이다.

여름
/
고향에 돌아왔더니,
소꿉친구가
엄마가 되어 있었다.
나는,

가을
/
고백을 받았다.
이번에는, 천천히
사랑을 해야지.

겨울
/
사케를 나눠 마시니
따뜻해진다.
설국의 부부는
좋구나.

요시노가와, 기업PR, 신칸센 열차 내 광고, 2013

봄
/
일도 바쁜데
맞선이라니
갈 수 없어요.
라고, 거짓말을 했다.

여름
/
처음으로, 도쿄의 남자를
데리고 간다면
여름이 좋겠다고,
마음먹었다.

가을
/
결혼하자는 말을 들었을 때
무엇보다도 먼저
떠오른 것은,
고향의 엄마와 아빠였다.

요시노가와, 기업PR, 신칸센 열차 내 광고, 2014

겨울
/
좋아하는 사람과
고향의 역에 내렸을 때,
나, 결혼하는구나라는
생각이 들었다.

봄
/
어제 아내와 마셨습니다.
예뻤습니다.
먼저 취한 것은 나입니다.

여름
/
도쿄의 거리가,
왠지
어울리지 않는
당신이, 좋아.

가을
/
싸웠다.
아내가 없어졌다.
내 소파에서
자고 있었습니다.

요시노가와, 기업PR, 신칸센 열차 내 광고, 2015

겨울
/
술 취한 그녀는,
눈 같다.
녹아 버렸다.

아하는 남자와 고향 역에 내렸을 때 비로소 결혼을 실감한다.

2015년의 광고에서는 화자가 남편으로 바뀌어 있다. 남편의 눈에는 아내가 도쿄의 거리와 어딘가 어울리지 않는 구석이 있어서 더 예뻐 보인다. 술 취한 아내가 '눈 같다. 녹아 버렸다'라는 표현은 단정한 광고 이미지에 살짝 에로틱한 분위기를 더해 준다. 그 후로 그들은 행복하게 오래오래 살았습니다로 끝나는 동화를 읽는 것 같다.

나는 몸에 딱 붙는 원피스를 입은 유명 여자 연예인이 신나게 춤을 추며 한잔하라고 권하는 소주 광고보다, 자극적이지 않은 요시노가와의 사케 광고를 볼 때 술 생각이 더 난다. 나이 때문이라고 할 수만은 없는 것이 요시노가와의 메인 타깃은 20대의 젊은 남녀 회사원이다.

한 가지 주제를 정해서 같은 톤 앤 매너(tone & manner)로 몇 년씩이나 꾸준히 캠페인을 이어 가는 이런 광고를 보면 부러운 마음이 든다. 내가 만난 많은 광고주는 소비자가 광고에 익숙해지기 전에 먼저 싫증을 내고 매번 전혀 다른 새 광고를 원했다. 적은 예산으로 같은 메시지를 계속 이야기하는 것이 맞는지 확신이 없어서이기도 했고, 즉각적인 효과를 바라는 급한 성격 때문이기도 했다. 나는 아직 만들지 못했지만 우리나라에서도 작은 목소리를 꾸준히 내는 광고 캠페인을 더 많이 만나길 소망한다.

그리고 적은 양이라도 주종 가리지 않고 꾸준히 마실 수 있는 건강이, 광고의 어떤 장기 캠페인보다 더 오래 허락되기를 염치없게도 희망한다.

04

삶과 꿈

한 노인이 죽은 아내의 영정사진을 들여다보고 있다. 손에도 젊은 시절 아내와 함께 찍은 사진을 들고 있다. 다른 노인은 의사가 보여 주는 자신의 방사선사진을 본다. 심각해 보이는 사진, 의사는 아마 암이라고 설명하는 것 같다. 그는 머리카락이 다 빠져 버린 머리를 쥐어뜯으며 오열한다. 세 번째 노인은 수십 알의 약을 손에 들고 '이걸 다 어떻게 먹나' 하는 망연자실한 표정이다. 네 번째 노인은 친구가 죽었다는 전화를 받고 털썩 주저앉는다. 2011년 실화를 기반으로 제작된 대만의 한 은행 광고 내용이다.

죽은 사람을 포함해 여섯 명의 노인은 젊은 시절부터 친구였다. 그들은 젊고 힘이 넘치던 20대에, 친구 중 한 명의 여자친구를 동반하고 바닷가로 오토바이 여행을 했다. 시간은 속절없이 흘러 그때의 청년들은 어느덧 여든을 넘긴 할아버지가 되었다. 평균 나이 81세, 누구는 암, 누구는 심장질환, 그리고 대부분 관절염을 앓고 있다. 바다에 함께 간 여자친구였던 한 친구의 아내는 먼저 세상을 떠났고, 다른 한 친구도 하늘나라로 갔다. 죽은 친구의 장례식에 남은 다섯 명의 친구가 모였다. 검은 양복에 검은 넥타이를 매고서….

상가에서 밥을 먹는 것은 우리나라나 대만이나 마찬가지인지, 장례식장의 원형 식탁에 다섯 명의 노인이 앉아 힘없이 젓가락질을 하고 있다. 마치 금방이라도 죽을 것처럼 손을 떨며 침묵 속에 음식을 집는다. 죽은 친구는 액자 속 사진으로 남아 의자 하나를 차지하고 있다. 한 노인이 젊은 시절 모두 같이 오토바이를 타고 바닷가를 여행했던 사진을 물끄러미 쳐다본다. 그러다가 갑자기 정적을 깨며 "오토바이를 타러 간다!"라고 소리친다. 청춘의 그때처럼 다시 여행을 하자고 제안한 것이다.

그들의 오토바이는 벌써 수십 년 동안 창고에 처박혀 있었다. 그 오토바이를 다시 꺼내 먼지를 털고 정비를 했다. 그리고 지팡이를 팽개치고, 팔뚝에 꽂힌 링거를 뽑아 버리고, 알약을 내던졌다. 대신 6개월 동안 러닝머신에서 뛰고 윗몸일으키기를 하고 팔과 다리의 근력을 기르는 운동을 하며 체력을 키웠다.

마침내 오토바이를 타고 과거 사진 속의 장소를 향해 떠난다. 한 오토바이 뒤에는 죽은 친구의 사진을 실었고, 다른 오토바이 앞에는 죽은 아내의 사진을 붙여 놓았다. 다섯 명의 노인은 13일 동안 대만의 남쪽에서 북쪽으로 1,139㎞를 달렸다. 당연히 쉽지 않은 여정이었다. 길에서 먹어야 할 때도 있었고, 바퀴가 펑크 나기도 했고, 밤길을 달려야 할 때도 있었다. 한 사람이 지쳐 헐떡이면 멈춰서 부축했다. 서로 어깨를 주물러 주고 팔뚝에 붕대를 감으면서 질주를 멈추지 않았다.

대만 대중은행, TVCM, 2011

Na.   사람은 무엇을 위해 사는가?
　　　먼저 떠난 이를 위해?
　　　계속 살기 위해?
　　　더 오래 살기 위해?
　　　떠나기 위해서?

노인 1 오토바이를 타러 간다!
노인 2 에?

Na.   한 명은 청각장애가 있고
　　　한 명은 암에 걸렸고
　　　세 명은 심장질환이 있고
　　　모두가 관절염에 시달리지만
　　　6개월간의 준비 끝에
　　　대만을 13일간 여행하다.
　　　1,139km를 달려
　　　북에서 남으로 밤낮을 달려
　　　오직 그 이유 하나 때문에
　　　마침내 바닷가에 닿아 떠오르는
　　　해를 바라본다.
　　　사람은 무엇을 위해 사는가?

자막   꿈
　　　특별한 꿈을 꾸는
　　　평범한 사람들을 위해.

결국, 그 옛날의 바닷가에 닿았다. 광고는 젊은 청년들이 해변에서 뛰노는 모습과 같은 바닷가에서 노인들이 장난치는 모습을 교차로 보여준다. 몸은 늙었지만 그들의 우정과 웃음은 변함없이 힘차고 아름답다. 거의 60년 전, 일곱 명의 청춘이 찾았던 바다에 다섯 명의 할아버지와 두 장의 사진이 함께 섰다. 그들은 그 옛날 그랬던 것처럼 수평선 위로 찬란하게 떠오르는 태양을 바라본다. 백발이 된 그들은 묻는다. "사람은 무엇을 위해 사는가?" 그리고 대답한다. 바로 "꿈"이라고.

3분이나 되는 긴 시간이라 영상도 카피도 하고 싶은 말을 충분히 다하고 있다. "특별한 꿈을 꾸는 평범한 사람들을 위해"라는 은행의 슬로건이 마음에 와닿는다. '대중'은행이라는 이름과 아주 잘 어울리는 슬로건이다. 우리는 대부분 평범한 사람이지만, 특별한 꿈을 한 가지씩 마음에 품고 있지 않은가.

다른 나라의 광고 한 편이 내 머릿속에 여러 가지 상념을 떠오르게 했다. 나는 지금 무엇을 위해 살고 있는지, 사람은 무엇을 위해 살아야 옳은지, 나의 꿈은 무엇인지 또 어떻게 늙어갈 것인지….

대학 시절을 함께 보낸 친구들과 한 달에 두어 번 트레킹을 한다. 대만 광고 속 노인들처럼 80이 되려면 아직 멀었지만 심장이 약한 친구도 있고, 암 수술을 한 친구도 있고, 관절염을 얻은 친구도 있어 험한 산은 가지 않고 주로 시내나 근교의 둘레길을 걷는다.

아무리 낮은 산에 가도, 걷다 보면 마루가 편안한 정자가 있다. 높고 낮은 산과 길에서 다정하게 기다리고 있는 정자를 보면 '우리나라 좋은 나라'라는 생각이 절로 든다. 걷다가 정자를 만나면 우리는 주섬주섬 배낭에 넣어온 먹을거리를 꺼내 상을 차린다. 오이와 사과, 오렌지, 딸기, 방울토마토 같은 과일과 채소는 기본이고 대보름이 있는 주에는 오곡밥에 나물이 나오고, 과메기 철에는 과메기가 파, 김과 함께 등장한다. 아침부터 직접 부친 부침개와 도토리묵을 꺼내는 친구도 있고, 주먹밥이나 김밥, 유부초밥을 돌리는 친구도 있다. 말갛게 껍질까지 까서 담아온 삶은 계란을 입에 넣어 주기도 한다. 배곯는 이가 있는 것도 아닌데 뭐 하나라도 더 먹이고 싶어서 새벽부터 부지런을 떨었던 것이다.

불을 피워도 되는 곳에서는 먹거리가 더욱 다양해진다. 겨울에는 매생이굴국이나 오뎅탕, 시래기된장국이 끓는다. 불고기는 지글지글 익고, 반을 갈라 하트 모양을 낸 소시지는 '러브러브' 구워진다. 배부르게 먹은 뒤에도 꼭 라면을 끓인다. 그러면 배불러 죽겠다고 엄살을 떨면서도 다들 젓가락을 들고 라면 냄비 앞으로 몰려든다.

시답지 않은 말 한마디에 다들 크게 소리 내서 웃는다. 집이나 사회에서는 주로 심각한 표정으로 지내는데, 친구와 먹을 것 앞에서는 사춘기 아이들처럼 까르르 웃어댄다. 웃으면서 먹은 것을 정리하고 쓰레기 담은 봉투를 주렁주렁 매달고 다시 길을 걷는다. 둘레길이라고는 해도

둘레길 트레킹의 먹거리들

오르락내리락 숨찬 구간도 있다. 힘들다고 투덜대는 친구가 생긴다.

"아이고, 힘들어.
내려올 길 뭐 하러 올라가나, 그냥 택시 불러 타고 돌아가자."
"이 정도 가지고 힘들어? 네가 아직 인생의 쓴맛을 안 봤구나?"
"그럴 리가 있어? 쓴맛이라면 어디 가도 빠지지 않지."
"너희들이 인생의 쓴맛을 안다고?
우리 언제 날 잡아서 인생 쓴맛 배틀할까?"

맞는 말이다. 오십몇 해씩 사는 동안 힘든 일 겪지 않은 친구가 어디 있을까. 평범한 우리지만 저마다 특별한 쓴맛을 몇 개씩은 견뎠고, 겪고 있고, 앞으로도 만날 것이다. 우리는 어려움을 겪고 있는 친구의 얘기를 듣고, 그보다 더하거나 덜한 나의 어려움들을 얘기한다. 위로하기 위해 하는 소리가 아닌데 저절로 위로를 받는다. 인생의 별의별 고비에서 주저앉지 않고 일어나 친구들을 만나서 먹고 웃고 걸을 수 있으니 참 다행인 인생이지 싶다.

농담처럼 친구들과 이야기한다.
"우리 나중엔 전부 한동네 모여 살자."
"요양원 들어가지 말고 방 하나씩 가지고
부엌이랑 거실 공유하는 공동주택 만들자."
"그거 좋다. 르코르뷔지에도 말년엔 겨우 4평짜리 오두막에서 지냈대.
각자 방 4평이면 충분해."
"난 거기서 사감 할래."
"요리사는 충분하니 난 먹기만 한다."

중년의 우리를 웃게 하는 실현 가능한 꿈이다.

대만 대중은행 광고는 "사람은 무엇을 위해 사는가"라고 물었다. 꿈을 위해 산다는 게 그 답이었다. 그런데 꿈은 혼자서 지키고 실현할 수 있는 것이 아니다. 가족과 친구의 사랑과 우정, 함께함이 있어야 가능하다. 친구들과 트레킹을 하며 나는 조금 다른 질문을 떠올린다. '무엇이 사람을 살게 하는가', '무엇이 꿈을 포기하지 않게 하는가'라는 질문.

무엇이 사람을 살게 하는가?
내가 찾은 답은 사랑이다.

5월, 가장 특별한 선물은
바로 당신

5월의 달력을 넘겼다. 징검다리 연휴가 기다리고 있고 유난히 많은 기념일이 기록되어 있다. 5월 첫날 근로자의 날을 시작으로 석가탄신일, 어린이날, 어버이날, 유권자의 날, 스승의 날, 성년의 날, 5·18 민주화 운동기념일, 발명의 날, 세계인의 날, 부부의 날, 방재의 날 그리고 31일 바다의 날까지 5월의 거의 반이 특별한 날이다. 어떤 날은 어렸을 적에 손꼽아 기다렸던 날이다. 다른 어떤 날은 입 밖에 내서 말하면 좌파로 몰릴 수도 있었던 날이다. 또 다른 날은 평생 한 번 떨리는 마음으로 기념하던 날이다. 그 중 어떤 날은 애틋하게 기억하기도 하고 어떤 날은 의무감으로 선물을 사기도 한다. 더 많은 날들은 그냥 아무 느낌 없이 흘려보낸다.

큰아이가 중학교 1학년이 되던 해의 어린이날. 나는 더 이상 어린이가 아닌 아이에게 작은 선물과 카드를 건넸다. "대학 졸업해서 독립할 때까지는 어린이날에 선물해 줄게"라고 약속까지 했다. 아이가 성장해 가는 것이 대견하면서도, 훌쩍 자라 엄마 손길이 필요 없는 어른이 되는 것이 조금은 섭섭해서 한 행동이었다. 아이가 고등학생이 되고 대학에 들어갔을 때도 어린이날이 다가오면 "어린이날 선물 뭐 사줄까?" 하고 물었다. 꼭 필요한 운동화나 바지 한 벌을 사주면서 "이거 어린이날 선물이야!"라고 생색을 내기도 했다. 다 큰 청년이 된 아이는 어이없어 하면서도 엄마의 억지를 기꺼이 받아 주었다.

여기 어린이날을 기념한 레고 TVCM이 있다. 광고에는 엄마나 아빠와 놀고 있는 아이들이 등장한다. 아이들은 거실에서 낮잠을 자고 있는 아빠의 몸을 테이프로 감아 바닥에 붙인다. 걸리버가 소인국에 갔을 때 소인들이 걸리버를 밧줄로 묶어 끌고 가는 동화책의 그림과 비슷하다. 다음 화면에는 아빠의 얼굴에 립스틱을 바르는 딸아이가 등장한다. 아빠는 분홍색 발레복을 입고 딸과 함께 발레 동작을 하기도 한다. 광고는 부모와 아이가 물안경을 끼고 커다란 종이박스에 들어가 하늘을 나는 흉내를 내고, 침실 벽과 천장에 야광별을 가득 붙이고 누워 우주에 있는 기분을 내는 장면으로 이어진다. 아이와 같이 놀면서 부모는 동심으로 돌아가고 아이는 활짝 웃는다. 그리고 내레이션이 흐른다. 이번 어린이날에는 아이에게 "함께 있는 시간"을 선물하라고. 어떤 값비싼 선물보다 부모와 함께 노는 시간이 귀중한 선물이라는 뜻이다. 카피는 잊어버렸던 상상의 세상을 아이랑 놀면서 다시 경험하는 부모의 마음을 표현하고 있다.

사무실에 매여 있느라 방치했던 내 아이의 어린 시간들이 아프게 떠오른다. 유난히 야근과 휴일근무가 많은 엄마를 둔 탓에 내 아이들은 오랜 시간 동안 도우미의 손에 맡겨져야 했다. 아이들은 엄마아빠가 일터에 있는 많은 저녁을, 돌보는 이 없는 집에서 저희끼리 보내야 했다. 어린이날이라고 예외였을 리가 없으니, 나는 아이들에게 가장 필요한

자막
/
너에게 배운다
동화 속 주인공이 되는 법을
새로운 나를 만나는 법을
종이박스로 세계 여행 하는 법을
침실을 우주정거장으로 바꾸는 법을
THANK YOU, KIDS

Na.
/
아이가 없었다면 몰랐을 세상,
이렇게 소중한 것들을
알게 해줘서
고마워, 얘들아!

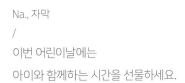

Na., 자막
/
이번 어린이날에는
아이와 함께하는 시간을 선물하세요.

레고, TVCM, 2016

"함께 있는 시간"이라는 선물을 주지 못하는 엄마였다.

이번에는 어버이날에 만들어진 죽 체인점의 한 인터넷 바이럴 영상을 보자. 자식이 부모님을 위해 정성 가득한 한 끼를 직접 준비하게 하고 그 모습을 몰래 카메라에 담은, 4분 50초나 되는 긴 영상이다. 영상은 처음에 자식들에게 어버이날 부모님을 위해 어떤 선물을 준비했냐고 묻는다. 현금을 좋아하신다는 대답, 여행을 보내드리고 싶다는 대답이 나온다. 다음에는 부모님에게 직접 전화를 걸어 무슨 선물을 받고 싶으냐고 묻는다. 자식들의 전화를 받은 수화기 너머의 엄마와 아빠들은 예외 없이 '필요한 게 없다'거나 자식에게 좋은 일이 선물이라고 말한다. 자식의 존재가 이미 선물이라고 말하는 아빠도 있다.

(부모님에게 주고 싶은 선물을 자식들이 대답하는 상황)

Na.   어버이날 특별한 선물 준비하셨나요?
딸 1   현금을 좋아하셔서…
아들 1   여행을 보내드리는 게…
딸 2   여행을 보내드리고 싶어요.
딸 3   명품 백…
아들 2   직접 쓴 편지하고 식사 한 끼…
딸 3   몸에 지닐 수 있는 물건…
딸 4   그래도 현금을 좋아하실 것 같아요.

(자식들이 부모에게 받고 싶은 선물을 묻는 상황)

Na.   부모님은 어떤 선물을 받고 싶어 하실까요?
딸 1   곧 있으면 어버이날이잖아?
아들 2   필요한 거?
엄마 1   없어.
아빠 1   꽃이나 하나 달아줘, 네가 만들어서.

아빠 2	희소식!
아들 1	저의 희소식?
아빠 2	응.
엄마 2	그냥 뭐, 너랑 데이트라도 하면 되지.
아빠 3	풀잎이 자체가 선물인 걸!

질문과 대답이 끝난 뒤, 2명의 딸은 부모님을 위해 죽을 만든다. 밖에서 밥이나 한 끼 먹자며 엄마를 약속 장소로 부르고, 먼저 가서 레시피를 적은 노트를 보며 서툴게 재료를 썰고 볶고 끓이는 자식들. 죽을 끓이며 레시피의 마지막 페이지를 넘기니 거기에는 참가자의 엄마가 손수 적은 손편지가 들어 있다. "사랑하는 딸"이라는 엄마의 글씨를 보자마자 딸들의 눈가에 대뜸 이슬이 맺힌다. "늘 사랑하고 너의 삶이 별같이 빛나기를" 바란다는 글귀에 결국 울음을 터트린다. 그리고 어느새 문을 열고 들어온 엄마 품에 안긴다.

몰래 카메라는 사실 엄마가 딸을 위해 준비한 선물이었던 것이다. 모녀는 다정하게 앉아 딸이 서툴게 끓인 죽을 먹는다. 두 사람의 얼굴에 행복한 미소가 어린다. 그리고 "일 년에 한 번 어버이날, 부모님께 가장 특별한 선물은 바로 당신"이라는 메시지가 흐른다.

어린이날에도 어버이날에도 제일 특별한 선물은 부모가, 자식이 함께 시간을 보내는 것이다. 같이 웃고 같이 먹고 같이 얘기하며 시간과 마음을 나누는 것이다. 비록 상업적인 광고지만 레고와 본죽의 광고를 보고 '어버이날 무슨 선물을 살까?' 하고 고민하던 마음을 내려놓았다. 대신 내 아이들, 내 엄마와 '어떻게 시간을 보낼까?'를 고민하기로 했다. 동네 목욕탕에 가서 엄마의 등을 밀어 드릴까? 기차를 타고 엄

엄마
/
엄마 입장에서는
늘 더 못 줘서 한이죠, 뭐….

Na.
/
몰래 카메라 역시
특별한 날을 보내고 싶은 부모님이
자식들에게 주는 선물이었습니다.
아직도 특별한 선물을 고민하세요?
일 년에 한 번 어버이날,
부모님께 가장 특별한 선물은
바로 당신입니다.

Na., 자막
/
어버이날 특별한 날을 선물하세요.
어버이날 특별한 나를 선물하세요.

본죽, 바이럴영상, 2016

마 고향에 다녀오는 것도 좋겠지? 내 마음속에선 '영원한 어린이'인 장대 같은 아들들에게는 엄마표 파스타를 만들어 줘야겠다. 어버이날엔 할머니 댁에 같이 가는 게 엄마한테 하는 효도라고도 일러 줘야겠다.

우리는 모두 누군가의 자식이고 누군가의 부모이다. 따라서 존재 자체만으로도 선물이다. 다가오는 5월은 사랑하는 이에게 '나'라는 특별한 선물을 아낌없이 주는 풍요로운 달이 되길 기대한다.

06

처음 메는 책가방,
평소보다 하늘이 커 보였습니다

우리 둘째는 만 네 살에 초등학교에 입학했다. 정확하게는 만 다섯 살에서 네 달 모자라는 56개월에 초등학생이 되었다. 날마다 소풍날처럼 햇살이 환하던 남반구에 살 때의 일이다. 그 나라의 초등학교는 0학년인 킨더가튼(kindergarten)부터 6학년까지 7년제였고, 만 다섯 살이 되는 해에 입학할 수 있었다. 학기가 시작하는 2월에 만 다섯 살이 채 되지 않더라도 그해 7월 이전에 다섯 살이 될 예정이면 입학이 가능했다.

많은 엄마가 만 다섯 살이 지날 때까지 1년을 더 기다렸다가 학교에 보내는 선택을 하는데, 나는 둘째를 일찍 학교에 보냈다. 프리스쿨(preschool) 비용이 너무 비쌌기 때문이다. 프리스쿨은 하루 6시간에 3만 5천 원 정도. 만약 1주일에 5일을 보낸다면 한 달에 100만 원 가까운 비용이 들었다. 무상교육인 초등학교 0학년이 실제로 유치원 과정인지라 일찍 보내는 것도 나쁘지 않겠다고, 나는 생각했다.

2월 1일이 첫 등교일이었을 게다. 입학식은 따로 없었다. 차에서 내려

운동장에서 기다리고 있는 선생님에게 아이를 데려다주었다. 초록색 교복을 입은 100여 명쯤 되는 아이가 반별로 담임선생님의 인솔 아래 교실로 들어갔다. 그 나라에서는 0학년부터 고등학교 3학년인 12학년까지 모든 학교의 수업 시간이 아침 9시부터 오후 3시까지로 똑같았다. 저학년이라고 예외가 없었다. 초등학교 새내기도 등교 첫날부터 한 시간의 에누리도 없이 꼬박 6시간을 학교에서 지내야 했다. 나는 복잡한 마음으로 멀어져 가는 아이를 지켜보았다. 싸 가지고 간 점심 도시락과 간식은 제대로 먹을지, 화장실에는 잘 갈지, 낮잠 시간도 없는 여섯 시간을 알아듣지도 못하는 언어 속에서 어떻게 지낼지…. 아이가 학교에 있는 동안에도 내내 마음이 편치 않았다.

오후 3시가 되기 전에 학교 운동장으로 다시 가서 아이가 나오기를 기다렸다. 담임선생님들이 반 아이들을 인솔해 나와서 데리러 온 부모의 얼굴을 일일이 확인한 뒤 하교를 허락했다. 선생님의 허락이 떨어지자 뒤돌아서 걸어오던 아이가 나와 눈이 마주쳤다. 아이는 그 자리에 털썩 주저앉아 움직이지 않았다. 힘들었으니 엄마가 오라는 신호였다. 내가 달려가자 아이는 참았던 눈물을 터트렸다.

"우리 아들 잘 지냈어? 많이 힘들었어?"
"엉엉…. 못 걷겠어요."

나는 아이를 들쳐 업었다. 등에 업힌 아이가 가뿐하게 느껴졌다. 이렇게 가벼운 아이를 품에서 뚝 떼어 낯선 학교에 혼자 종일 두었구나, 안쓰러운 마음이 들었다. 내가 참 모진 엄마구나, 자책감이 들기도 했다. 고맙게도 아이는 학교에 가지 않겠다는 소리는 하지 않았다. 막내는

초등학교 0학년 때의 우리집 막내

그렇게 어린 나이에 어엿한 학생이 되어 별 탈 없이 학교에 다녔다. 하지만, 입학 첫날 아이의 그 작은 얼굴에 떠오르던 백 가지 감정을 담은 표정은 그 후로도 오래오래 잊히지 않았다.

몇 년이 흐른 뒤, 나는 일본의 한 광고에서 그때의 내 아이와 똑같은 표정을 한 꼬마를 발견했다.

광고 영상 속에서 이 소년은 교복에 모자까지 쓰고 타박타박 언덕을 올라가고 있다. 등에 매달린 책가방이 발걸음에 따라 털렁털렁 흔들린다. 화면의 70%는 파란 하늘이다. 그 하늘의 왼쪽에서 오른쪽으로 노란 병아리색깔 모자를 쓴 유치원 아이들이 선생님과 함께 지나간다. 앞만 보고 걷던 아이가 뒤를 돌아본다. 아이의 얼굴을 클로즈업 하는 카메라. 아이는 금방이라도 눈물을 쏟을 것 같은 원망스러운 표정이다. 입을 삐쭉거리고 코를 훌쩍이면서 건너편을 바라다본다. 건너편에서는 엄마가 아이의 첫 등교 모습을 캠코더로 찍고 있다. 엄마의 눈에

Na.

/

처음 메는 책가방,

평소보다 하늘이 커 보였습니다.

소니, 핸디캠, TVCM, 2005

도 눈물이 고여 있다. 훌쩍 자라 학교에 가는 아이가 대견하기도 하고, 가기 싫어하는 모습에 마음 아프기도 한 표정이다.

서정적인 느낌의 BGM 위로 엄마의 목소리가 흐른다.

처음 메는 책가방, 평소보다 하늘이 커 보였습니다.

어디 엄마뿐이랴. 아빠도 아이의 초등학교 입학식 때는 남다른 감회에 젖는다. 2003년 제작된 푸르덴셜생명의 TVCM은 그런 아빠의 마음을 광고 영상으로 보여주고 있다.

"1973년 3월 입학 기념"이라고 적혀 있는 흑백사진 속에는 이름표를 가슴에 단 아이가 엄마, 아빠 사이에 서있다. 사진 찍는 일이 자주 없던 시절이라 가족 모두의 표정이 조금씩 굳어 있다. 이름표 뒤에 매달린 흰 손수건, 1970년대의 옷차림과 머리 모양이 지금의 눈으로 보면 촌스럽기도 하다.

세월이 흘러 그 액자 속의 아이가 아빠가 되어 아들을 학교에 보내는 나이가 되었다. 아빠가 된 소년은 액자 속 자신의 아버지가 남긴 편지를 읽는다. 30년 전에 쓰인 그 편지 속에서, 이제는 이 세상에 없을지도 모르는 아버지는 입학하는 아들을 지켜 주겠다고 약속한다. 자식에게 애정을 표현하는 일이 서툴렀던 옛날의 아버지가 혼잣말처럼 쓴 편지다. 그 편지를 읽는 아들의 표정에 감사와 감동이 어린다.

전국 대부분의 초·중·고등학교가 3월 2일 입학식을 했다. 특히, 초등

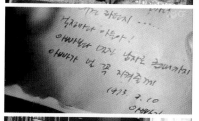

편지
/
걱정 마라 아들아!
아빠보다 더 멋진 남자로 클 때까지
아빠가 널 꼭 지켜 줄게.

Na.
/
당신도 사랑하는 사람에게
지금,
러브카드를 쓰세요.
푸르덴셜생명

푸르덴셜생명, TVCM, 2003

학교 신입생을 둔 부모라면 8칸 공책을 사고, 줄이 없는 연습장도 샀을 것이다. 가지런히 깎은 연필과 지우개로 필통을 채우고, 색연필과 36색 크레파스도 준비했을 게다. 가방을 싸고 실내화를 챙기고, 부모도 아이도 조금은 설레고 떨리는 마음으로 입학식날 아침을 맞이했겠다. 엄마의 손을 놓고 혼자 제가 속한 반을 찾아 가면서 아이는 자꾸 뒤돌아보고, 엄마는 안쓰러움을 감추고 어서 가라 손짓을 하고…. 그렇게 엄마와 아이는 집보다 큰 세상을 향해 첫발을 내딛는다. 입학식날의 하늘은 더 넓어 보이고, 바람은 조금 낯설게 느껴졌을 것이다.

초등학교 등교 첫날 주저앉아 울던 내 둘째는 4년 전 꽃샘바람 불던 날, 환하게 웃으면 대학에 입학했다. 재롱이 어여뻐 훌쩍 커버리는 게 아까웠던 아이가 어른의 세계에 한 걸음 더 가까워졌다. 이제 더 이상 뒤돌아보지 않게 된 아이는 엄마가 있는지 없는지 신경도 쓰지 않고 제 갈 길을 걷고 있다. 나는 절대 알 수 없는 곳으로 힘차게 달려가는 아이를, 이제는 반대로 엄마인 내가 자꾸 뒤돌아보라고 부른다. 그렇게 아이는 어른이 되고 엄마는 나이 들어, 자꾸 뒤돌아보는 사람이 되었다.

07

나는 주인공 뒷배경,
내 자리는 언제나 가장자리

지나고 보면 춥지 않았던 겨울이 어디 있었을까마는 지난 겨울은 유난스레 추웠다. 영하로 내려간 수은주는 바닥을 모르고 곤두박질쳤고 발목까지 내려오는 벤치 파카를 입은 사람들이 거리를 메웠다. 멀리서 보면 옷이 걷는 것처럼 보였다. 몸과 마음을 얼렸던 혹독한 한파는 2월이 지나고 3월이 되어도 좀처럼 풀리지 않았다. 달력에 표시된 입춘과 우수 절기를 보면서도 도무지 봄이 올 것 같지 않다는 의심이 들었다. 그런데, 갑자기 덥다. 불과 며칠 전에 주저주저 하며 겨울 코트를 벗었는데 어느새 겉옷을 벗어 들고 걷고 있다. 도대체 봄은 어디에 숨어 있다가 나타난 것일까? 어김없이 찾아온 봄을 맞으니 덜컥 가슴이 내려앉는다. 이 봄, 나는 어느 땅에 어떤 씨앗을 뿌려야 할까? 야무진 다짐도 없는 인생이 좀 한심하게 느껴졌다.

그러나 씨 뿌리는 부지런보다는 봄바람 맞는 나들이가 훨씬 더 유혹적인 법이다. 4월 첫날, 월정사 전나무 숲길을 걸었다. 80년 넘은 전나무 1,800여 그루가 콸콸 흐르는 계곡물 소리를 들으며 늠름하게 서있었다. 발밑에 깔린 보드라운 황톳길을 밟으며 천천히 걸었다. 귀를 기울이면 꽝꽝 얼었던 땅이 녹는 은근한 소리가 산산이 들렸나. 눈 밝은 동생이 숲 속에서 꿩의바람꽃을 찾아 보여 주었다. 겨우 발목 정도 높이에서 엄지손톱보다 조금 더 큰 하얀 꽃이 바람에 흔들리고 있었다. 꿩의바람꽃은 가르쳐 주기 전에는 눈에 보이지 않을 만큼 작고 여려서 봄의 주인공이 된 적은 한 번도 없는 꽃이다. 그러나 봄마다 잊지 않고 피어나 발밑을 환하게 밝혀주는 꽃이다.

다리를 접고 앉아서 보니 볕을 따라 꽃잎을 반쯤 오므리거나 활짝 편 꿩의바람꽃이 여러 송이 보였다. 부는 바람에 부들부들 떨며 서있는 모양이 발레 〈백조의 호수〉에 나오는 엑스트라 백조들처럼 보였다. 주인공이 화려한 조명을 받으며 독무를 추는 동안 팔과 다리를 올리고 미동도 하지 않고 서있는 코르드발레(corps de ballet)단의 무용수들! 발레단 중에서 솔로를 추지 않는 무용수를 집단적으로 부르는 명칭이 코르드발레라고 한다. 코르드발레의 발레리나는 동시에 같은 스텝으로 일사불란하게 균형 잡힌 동작을 하면서, 솔리스트나 다른 발레리나를 돋보이게 하는 역할을 담당한다. 꼼짝도 안 하고 포즈를 취하고 서있는 동안 그들의 온몸이 아프고 부들부들 떨린다는 사실을 최근 전파를 탄 KBS 캠페인에서 알게 되었다.

KBS는 2018년 여름부터 국민 한 사람 한 사람의 희망을 담는 '국민의 마음'이라는 캠페인을 제작해 방송하고 있다. 어머니, 환경미화원, 소방서 구조대원, 음악선생님, 아파트 경비원 등 우리 주변에서 흔히 만날 수 있는 사람의 모습을 사진작가가 흑백으로 찍은 사진을 편집해서 보여 준다. 등장인물은 모두 평범하지만 자기만의 사연이 있고 스스로 선택한 삶을 성실하게 살아간다. 통상 방송사의 캠페인은 상업광고보다 시간이 길고 긍정적이고 공익적인 내용을 담게 마련이다. '국민의 마음' 캠페인도 너무 당연한 결론이나 착한 이야기만 모아 놓아 현실성이 떨어진다는 비판에서 자유롭지 못하다. 그걸 알면서도 캠페인이 보여 주는 주인공 아닌 보통 사람의 이야기에 감동하고 눈가가 젖기도 한다.

KBS '국민의 마음' 캠페인 중 다른 하나인 박영관의 스토리는 조연이 결국 주인공이라는 뻔하지만 당연한 진실을 다시 한 번 보여준다. 박영관은 30년 동안 이발소 없는 산골마을에 한 달에 한 번 찾아가 이발봉사를 하고 있는 50년차 이발사이다.

세상이 나를 중심으로 돌던 때가 있었다. 봄이 오면 와글와글 피어나는 봄꽃들이 내 모습 같던 적이 내게도, 있었다. 유행이나 트렌드가 뭔지 굳이 의식하지 않던, 세상이 변하는 것이 당연하게 여겨지고 내가 그 변화의 한가운데 서있는 것 같던, 두려울 것 없던 스무 살 시절…. 지나고 보니 이제 알겠다. 그때 나는 주인공이었다는 것을. 아무도 알아주지 않았어도 스스로 주인공이라고 생각하고 살았다는 것을.

그 시절로부터 오랜 세월이 흘러 나는 군무를 추는 코르드발레의 발레리나처럼 엑스트라가 되었다. 지금 나는 반짝이는 20대를 살고 있는 내 아이들의 조연이고 불의와 맞서 싸우는 사람들의 엑스트라다. 어느새 나는 앞장서 남을 위해 봉사하는 분이나 세상을 변화시키기 위해 열정을 다하는 이 뒤에 병풍처럼 서있는 이름 없는 무용수가 되었다. 화사한 개나리나 진달래, 벚꽃 아래 핀 아주 작은 바람꽃처럼 내세울 것 없는 조연의 자리를 지키고 있다. 비록 가장자리이지만 나는, 무명

이가영

/

저는 유니버셜 발레단 코르드발레

22살 이가영입니다.

코르드발레는 주역이 채우지 못하는

남은 2%, 3%를 채워 주는

뭐, 배우로 따지면 엑스트라죠.

작품 끝나고 나서 커튼콜을

정말 부들부들 떨면서

2분 동안 버티고 있어요.

무릎이랑 발목이랑 허리랑 목이랑

다 아파요.

군무하면 30명, 남들이 보면

병풍이라고 생각을 하는데

튈 수 있는 사람은 한두 명밖에 없기 때문에,

모든 코르드발레단원이

'아, 난 안 될 거야'

이렇게 생각을 했으면

코르드발레가 아예 없었을 거예요.

내가 지금 이 무대에 서있는 게 행복하고

공연하게 된 게 너무 행복한 거예요.

이 관객석에서 박수가 내려오는 느낌,

그 압도감을 잊지 못해요.

조연한테도 그만큼 큰 박수가 오기 때문에

그것만으로도 너무 행복하거든요.

저는 주인공보다는

주인공처럼 빛날 수 있는 조연이 되고 싶습니다.

KBS, 국민의 마음 캠페인, '코르드발레리나' 편,
2018

자막
/
코드 발레리나 이가영(22) 서울특별시

나는 주인공 뒷배경.
춤추고 싶지만 뒤틀린 몸으로
서있어야 하는
내 자리는 언제나 가장자리.
주인공에 가려져
나조차 나를 찾기 힘들지만
그래도 무대에 오르면
언제나 꿈을 꾸는 나.
결국 쏟아지는 모든 박수는
내 것이 된다.
자리가 어디든 어떤 배역이든
내가 서있는 그곳에서
나는 언제나 주인공이다.

박영관

/

더덕 캐러 갔어요, 산에.
그 산골짜기가 아주 깊더라고요.
머리 막 이렇게 지고
막 완전 산적 같더라고요.
참 보기가 딱 안타까워 가지고
내가 머리를 함 깎아 보자…
애들까지도 줄 서가지고 머리 깎을라고
그래, 그 국수도 해먹고
비빔밥도 해가지고.
고맙다 하면서…
시초할 때는 한 50명 가까이 됐어요.
지금은 다 돌아가시고
사람 한 대여섯 명밖에 없어요.
그게 참 진짜 안타까워요.
비가 오나 눈이 오나
뭐 진짜 꾸준히 저걸 했어요.
봉사라고 뭐 그렇게 생각 안 하고
내가 좋아서 계속 하고 있습니다.
딴 건 없습니다.

자막
/
50년차 이발사 박영관(63) 대구광역시

30년 전 운명처럼 만난
가위손과 산골 손님.

한 달에 한 번 산골 이발소가
문을 엽니다.
이발이 끝나면 마을에 피는 꽃미남.
세월도 가고, 사람도 가고
나도 가겠지요.

KBS, 국민의 마음 캠페인, '50년차 이발사' 편,
2017

발레리나처럼 넘어지지 않으려고 부들부들 떨기도 하면서 불평하지 않고 착실하게 서있다. 내가 이렇게 서서 버티며 때로는 박수를 보내고, 때로는 표시도 나지 않는 작은 행동을 보태는 것이 앞장선 주인공들에게 큰 힘이 된다고 믿는다. 그리고 이렇게 조연으로 사는 것도 나쁘지 않다고 진심으로 생각한다.

08

If? Life!
인생 안에 '만약'이 있다

내가 처음 프러포즈를 받은 나이는 만 열아홉 살이었다. 알 수 없는 이유로 스스로 목숨을 버린 J의 장례식에서 돌아오는 길이었다. 그날, 같은 독서 서클에 들어 있던 우리들은 너무나 비현실적으로 느껴지는 J의 죽음 앞에서 울지도 못하고 허둥댔다. 화장한 J의 뼛가루를 친구들이 한 줌씩 나누어 산에 뿌렸다. 장례식에 입고 갈 검정색 옷이 없어 엄마 옷을 빌려 입을 정도로 새파란 나이였다. 장례식장에서 주는 국밥이 목에 걸려 넘어가지 않는 미숙한 나이였다.

J를 보낸 허망함에 남은 친구들은 소주를 마셨다. 두꺼비가 그려진 25도짜리 진로였다. 언제 다시 만나자는 약속은 차마 할 수 없었다. J가 없는 독서 서클을 이어갈 수는 없을 것 같았다. 마셔도 취하지 않은 채 집으로 가는데, 함께 걷던 L이 다짜고짜 말했다. "나랑 결혼하자." 농담으로 하는 소리는 아니었는데 어색함을 감추려고 나는 L의 어깨를 툭 치며 농담으로 대답했다. "푹 자고 일어나 내일은 정신 차려!" 그때 만약 L의 청혼을 진지하게 받아들였다면 어떻게 되었을까? 일어나지 않은 많은 일이 일어났을 테고, 일어난 많은 일이 일어나지 않았겠지?

첫 고백으로부터 오랜 세월이 흘러 상상해 보는 '만약'은 애틋하고 달콤하다.

만 스물아홉에는 남반구의 도시로 삶의 터전을 옮겼다. 또 다른 J의 죽음을 겪고 난 후였다. 만 두 살 아들을 남겨 두고 병을 이기지 못한 그녀가 떠났다. 하늘이 무너지는 것 같은 소식을 듣고도 퇴근을 한 뒤에야 영안실로 달려갈 수 있었다. 그녀의 장례식날에도 출근해야 했던 나는 그녀의 장례미사에 지각했다. 출근하고 야근하고 월급날을 기다리는 날들은 그녀가 세상에 없는데도 무심하게 이어졌다. 가슴 설레는 일도 목숨 거는 사랑도 모두 남의 이야기였다. 서울에서 그렇게 계속 살 수 있다면 낯선 도시에 가서도 살 수 있다고 생각했다. 물론 결과는 완전히 예상 밖이었다. 그때 만약 머나먼 이국의 도시로 떠나지 않았다면 어땠을까? 다시 돌아오는 일도 없었겠고 막내가 태어나는 일도 없었을 것이다. 대신 무엇을 얻었을까? 여기, 지금이 팍팍해서 떠올리는 '만약'은 안쓰럽고 아득하다.

2018년에는 북미정상회담을 둘러싸고 일어나는 일들을 보면서 부쩍 자주 '만약'을 생각했다. 만약 한 달 전에 문재인 대통령과 김정은 위원장이 만나지 않았더라면, 트럼프 대통령이 회담 취소서한을 보내자마자 문과 김 두 정상이 다시 회동하지 않았더라면 어떻게 되었을까? 거슬러 올라가 만약 2016년 겨울 광화문의 촛불이 없었더라면, 탄핵이 없었더라면…. 상상만으로도 오싹하다.

'만약'을 생각하는 일이 부질없다 해도 사람들은 자주 '만약'을 상상한다. '만약'을 주제로 한 광고까지 있는 것을 보면 일본사람들도 마

칸포생명, 기업PR, TVCM, 2017

Na.
/
만약
만약
만약
만약 그때
그 학교에 들어가지 않았더라면
트럼펫을 시작하지 않았을 거야.
만약 그 여름에
라디오 체조를
하러 가지 않았더라면
첫 남자친구는
조금 더 나중에 생겼을까?

아 만약 옛날에
아빠랑 엄마가 만나지 못했더라면
애초에 나는 존재하지 않는 건가?

살아간다는 것은 기적의 연속이다.
인생은 꿈투성이.

찬가지인가 보다. 2017년 전파를 탄 칸포생명의 광고가 그렇다. 영상의 주인공은 일본의 가수이자 배우인 타카하타 미츠키이다. 미츠키는 버스 안에 앉아 창 밖을 바라보며 지난날을 회상한다. 그녀는 고등학교 입학 후 등굣길에 우연히 악기 판매점을 지나다가 트럼펫을 보고 연주를 시작했다. 또 이른 아침에 동네 주민들이 모여서 하는 라디오 체조에 참가했다가 첫 남자친구를 만났다. 그때를 떠올리며 미츠키는 '만약'이라는 공상에 빠진다. 만약 그 학교에 입학하지 않았더라면, 만약 그 여름에 라디오 체조에 가지 않았더라면… 미츠키의 상상은 '만약 엄마와 아빠가 만나지 않았더라면' 하는 데까지 꼬리를 물고 이어진다. 그 생각을 하자 학교의 합주 연습장에서 트럼펫을 불던 그녀가 사라진다. 첫 남자친구와의 데이트 장소에서도 사라진다. 물론 미츠키의 공상 속에서 일어난 일이다. 자신의 존재가 없어지는 것에 화들짝 놀란 미츠키는 생각을 현실로 돌린다. 현실에서 엄마와 아빠는 만났고, 자신이 태어났고, 버스 정류장에서는 엄마와 아빠가 기다리고 있다.

인생의 굽이굽이에서 내가 걸었던 길이, 내가 만났던 사람과 내가 했던 결정이 예상하지 못했던 결과를 만든다. 새로운 세상으로 안내하기도 하고 엉뚱한 곳에서 튀어나와 뜻밖의 인연을 불러오기도 한다. 만약 그때 그 일들이 없었다면 지금의 나는 존재하지 않을 것이다. 완전히 다른 내가 되어 있을지도 모른다.

한 걸음 더 나아가 수많은 만약(if)이 모여 인생(life)이 된다고 역설하는 광고도 있다. 2016년에 방영된 르노삼성자동차 QM3 에투알 화이트 출시 광고가 그렇다. 영어 life의 철자 안에 if가 들어 있는 것에 착

르노삼성자동차, QM3, TVCM, 2016

자막
/
if
만일 이대로 나이가 멈춘다면
어떤 도전을 시작해 볼까?

if
만일, 모두가 똑같은 얼굴이라면
패션은 지금보다 훨씬 더 요란할걸?

if
만일, QM3가 아니었다면
SUV는 크고 각진 차들뿐이었겠지.

Na.
/
호기심으로 가득 찬 당신의 인생.
if로 가득해야 Capture Life.

Na.

/

당신의 일상에서

설마를 없애고

갑자기를 빼고

만약을 지우고

오직, 지금에 집중하세요.

새로운 풍경과 노래가사에,

가족의 웃음에 집중하세요.

사소한 걱정은 악사의 몫

더 중요한 것에 집중하세요.

세상에서 가장 중요한 당신의 지금!

LIVE NOW 악사

AXA손해보험, 브랜드광고, TVCM, 2018

안한 점이 재치 있다. 영상은 '만약'을 상상하는 다양한 사람의 모습을 옴니버스 구성으로 보여 준다. 경쾌한 배경음악과 어우러진 사람들의 과장된 표정과 행동이 보는 이들도 가볍게 '만약'을 떠올리게 한다.

정반대의 주장을 하는 광고도 있다. 만약 따위는 생각도 하지 말고 지금 현재에만 집중하라고 강력하게 소리를 높이는 악사(AXA)의 TVCM이 그렇다. 손해보험회사인 악사는 배우 조진웅을 모델로 내세워 걱정을 잊고 지금 현재의 행복에 집중하라고 설득한다. 보험회사다운 메시지다.

당연한 말이다. 어쩔 수 없는 과거를 자꾸 가정해 보거나 닥치지 않은 미래를 걱정하는 것보다 지금에 집중해 사는 것이 지혜로운 일이다. 그러나 가지 않은 길을 '만약'으로 상상해 보는 것은 '돌이킬 수 없는 지금, 현재'에 작은 위로와 유쾌함을 선물한다. 어쩌면 지금에 집중하기 위해 '만약'이 필요한 것인지도 모르겠다. 그래서 나는 자주 '만약'으로 시작하는 공상의 날개를 편다.

만약 종전 선언이 나오고 서울에서 신의주까지 기차가 열린다면 어디에 먼저 갈까? 만약 미숙했던 첫사랑을 다시 만난다면 어떤 표정을 지을까? 만약 오로라를 보게 되면 무슨 소원을 빌까? 만약, 만약, 만약에 내가…. '만약'이 내게 펼쳐 주는 세상은 찬란하기도 하고 우중충하기도 하다. 마음먹기에 따라 얼마든지 달라진다. 기왕이면 행복한 '만약'을 상상하고 이루어지길 꿈꾸려고 한다. '만약'은 공짜이고 내 마음대로 할 수 있고, 영원한 내 편이니까.

09

꽃에는 힘이 있다

"너는 엄마가 왜 너를 낳았을까, 생각해본 적 없어?"

올해 여든일곱이 된 노모가 물었다. 내심 효도관광이라 생색내며 찾은 강릉, 바다가 보이는 호텔 레스토랑에서였다.

"아니, 한 번도 없어. 하하, 여태 잘 살아서 그런가?"

나는 짐짓 명랑하게 대답했다.

"나는 엄마가 뭐 하러 나를 낳았을까 하는 생각이 드는데…"

"무슨 소리야. 할머니가 엄마를 낳았으니까 우리도 태어났고 손자, 손녀도 태어나서 잘 살고 있잖아. 엄마가 없으면 우리 전부 없는 건데 '뭐 하러'라니?"

엄마의 엄마인 할머니는 엄마가 겨우 백일이 될 무렵에 돌아가셨다. 분유도 없던 시절에 엄마가 살아남은 건 어쩌면 기적에 가까운 일이었을지도 모르겠다.

한때 구에서 가장 노령의 장구 고수였고 노래교실은 물론 영어, 요가, 컴퓨터까지 배우러 복지회관에 출근하던 엄마가, 여든이 넘으면서는 부쩍 '재미없다'는 말을 자주 하신다. 먹는 것도 몸을 꾸미는 것도 집을 정리하는 일도 모두 시큰둥이다. 빨리 죽고 싶다는 얘기도 서슴지 않는데 빈말이 아닌 듯 들린다. 애써 시간과 비용을 들여 나들이를 갔는데도 억지로 따라 다니는 기색이 보인다. 이가 불편해서 잡숫는 양은 내 것의 반에도 못 미치고, 걸음도 느려져 어쩌다 내가 성큼 한 발을 떼면 종종걸음으로 숨차게 따라오신다.

그런 엄마가 허난설헌 생가 마당의 작약 앞에서 걸음을 멈추셨다. 진분홍과 연분홍, 흰색 작약꽃송이들이 탐스럽게 고개를 들고 있고, 튤립나무에는 튤립 닮은 노란 꽃이 피어 있었다. 작약 앞에서 엄마는 모처럼 카메라를 보고 웃으셨다. 엄마는 빨간 꽃양귀비나 보라색 등나무 꽃도 그냥 지나치지 않고 어루만지셨다. 우리 엄마, 아마도 '꽃침'에 맞아 '삐거나 부은 마음 금세 환해지'신 것 같다. '꽃침'은 함민복 시인이 쓴 〈봄 꽃〉이라는 시에 나오는 표현이다. 기가 막히게 멋지다. 꽃의 부드러운 힘을 꽃침이라고 썼다. 시인은 한의원에서 침을 맞고 삔 발목이 낫는 것처럼, 꽃의 부드러움에 찔리면 절뚝거리는 아픈 마음이 낫는다고 말하고 있다.

꽃의 힘을 내세운 광고도 있다. 꽃 소비 활성화를 위해 농림축산식품부에서 만든 영상이다. 광고는 연인의 감성적인 행동을 통해, 우리 주변에 늘 존재하는데 바쁘고 각박한 현실 때문에 잊고 지내는 꽃을 표현하고 있다. 1분 30초 동안 이어지는 영상과 두 사람의 목소리가 한 편의 드라마처럼 예쁘다.

광고는 일이 바빠 야근이 잦은 남자와 여자의 모습을 교차로 보여준

꽃에는 힘이 있다

일상⌾꽃   🌱농림축산식품부
1 Table 1 Flower

농림축산식품부, 기업PR, 2017

자막 특별하지 않은 날

여   오늘도 야근해?

남   글쎄, 왜?

여   보낼 게 있어서.

남   뭔데?

여   별 건 아니고.

남   무슨 날인가?

여   무슨 날에만 뭘 주나?

남   괜히 돈 쓰지 말고.

여   커피값 정돈데, 뭘.

남   뭐길래?

여   잘 찾아보면 주변에 이미 있을지도?

남   구하기 쉬운 건가?

여   음… 마트에만 가도 있고
      아마 자기가 좋아하는
      노랫말에도 있을 거고…
      해마다 구경 가자고
      조르기도 했는걸?
      워낙 바빠, 잊고 사는 것 같아서.

남   그럼 특별한 거네.

여   특별해지는 거지.

남   후훗.

여   왜 웃어?

남   왜 웃긴….

Na. 평범한 오늘을 특별하게 만드는,
      꽃에는 힘이 있습니다.

다. 영상 속에서 두 사람은 직접 만나지 않고 자막과 목소리로 대화한다. 바쁘게 오가는 남자에게 여자는 보낼 것이 있다고 말한다. 그것은 흔하지만 아마도 잊고 있는 것, 주고받으면 특별해지는 것이라고 말한다. 외근을 마치고 돌아온 사무실, 남자의 책상 위에는 여자가 보낸 꽃다발이 놓여 있다. 마음이 통했던 것일까? 남자는 길가에서 만난 코스모스를 말려 노트에 붙여서 여자에게 선물로 보낸다. 광고에서는 꽃을 받고 또 줌으로써 평범한 하루가 아주 특별한 날로 변한다.

2018년의 광고는 한 걸음 더 나아간다. 꽃으로 마음을 표현하라는 메시지를 짝사랑에 빠진 순수한 청년을 주인공으로 한 드라마타이즈드(dramatized) 광고로 달콤하게 전하고 있다. 광고를 들여다보자.

늘 가는 카페에서 일하는 여자를 짝사랑하는 남자가 있다. 그녀에게 애타는 마음을 보여 주고 싶은데 어찌해야 할지 난감하다. 남자는 혹시나 하는 생각에 가슴 엑스레이를 찍어 필름을 햇빛에 비춰본다. 필름에 마음은 흔적도 안 보이고 갈비뼈만 허옇게 찍혀 있다. 답답해진 남자는 마음을 찍는 사진관을 찾는다는 사연을 인터넷에 올린다. 인터넷에 올라온 대답을 듣고 찾아간 '마음 사진관'. 사진관의 주인은 마음을 찍는 사진관은 없지만, 마음을 보여줄 수 있는 꽃이 있다고 알려준다. 꽃 한 다발을 들고 짝사랑하는 그녀를 찾아가는 남자의 모습으로 영상은 끝이 난다.

꽃을 참 허망한 선물이라고 생각했던 적이 있다. 먹지도 못하고 오래 간직할 수도 없는 데다 시든 후에는 처치 곤란한 쓰레기가 되어 버리니 실용성이 전혀 없는 선물이라고 여겼다. 그런데 더 이상 꽃을 받을 일이

농림축산식품부, 기업PR, 2018

의사　불가능합니다.
　　　마음을 찍을 수는 없어요.

자막　마음을 찍는 사진관

남　　마음을 찍는 사진관이 있다면….
　　　(한숨) 하아….

S.E　(도어벨소리) 딸랑!

남　　혹시 이곳에서 마음을
　　　찍을 수 있나요?
여　　네?
남　　그럴 수만 있다면
　　　제 모든 것을 바칠 수 있습니다.
여　　신기하네요, 두 달 전인가
　　　어떤 여자분이 똑같은 질문을
　　　했거든요.
　　　마음을 찍어서 보여주고
　　　싶은 분이 있어요?
남　　네.
여　　세상에 그런 사진관은 없어요.
　　　하지만 실망하지 말아요.
　　　마음을 보여 주고 싶어 하는
　　　사람들을 위해서
　　　신은 세상에
　　　꽃을 만들었으니까.

남　　당신의 마음을 보여줄 수 있는,
　　　꽃에는 힘이 있다.

없는 나이(?)가 되고 보니 꽃 욕심이 좀 난다. 오래 가지 않아서 더 귀하고, 간직할 필요 없어서 오히려 홀가분하다는 생각이 들기까지 한다.

주변을 둘러보면 의외로 지천에 꽃이다. 집을 나서 지하철까지 가는 동안에도 넝쿨장미, 라일락, 민들레가 보인다. 구청이나 주민센터에서 애를 쓴 덕분인지 길가 화단에도 베고니아, 팬지, 백일홍, 개양귀비가 손을 흔든다. 지하철 입구에 꽃 파는 노점이 있어 기웃거린다. 주인아저씨가 굳은살 박인 거친 손으로 장미를 다듬고 있다. 겨우 커피 한 잔 값을 내고 신문지에 둘둘 만 장미 열 송이를 받아 들었다.

이 꽃을 누구에게 줄까?
아무 날도 아니지만 꽃을 받고 기뻐할 얼굴들을 떠올려 본다.
금세 마음이 환해지고 착해진다.
꽃의 힘이다.

/

여름

/

01

모험이 부족하면,
좋은 어른이 될 수 없어!

파란 하늘과 하얀 구름이 눈부시게 쏟아지고 햇살은 거침없이 환하다. 장미는 벌써 흐드러지게 피었고, 가로수 여린 새 이파리들의 연두색은 조금씩 짙은 초록으로 변하고 있다. 여름이다. 미세먼지 걱정 없이 싱그러운 날씨가 2주 넘게 계속되고 있다. 바람의 방향이 바뀐 탓이라는 얘기도 있고, 대통령이 바뀐 덕이라고 우스갯소리를 하는 사람도 있다. 원인이 무엇이든 반가운 일이다.

날씨가 좋으니 어디론가 떠나고 싶다. 더 더워지기 전에, 미세먼지가 또 몰려오기 전에 낯선 고장으로 훌쩍 몸을 옮겨 며칠이라도 지냈으면 좋겠다. 2002년에 집행된 일본철도(JR) '청춘18티켓'의 인쇄광고 헤드라인이 생각난다. 바닷가 모래사장에 철퍼덕 태평하게 누운 청년이 푸른 하늘을 쳐다보고 있는 그림에 '자신의 방에서, 인생 따위 생각할 수 있을까?'라는 카피가 얹혀 있다. 아무렴, 방 안에서는 인생을 생각하기 어렵지. 특히, 요즘처럼 세상이 온통 초록으로 물든 6월에는 창밖으로 자꾸만 시선이 간다. 방 안에서 컴퓨터 모니터만 쳐다보고 있기에는 꽃이 아깝고 나무가 아깝다. 가벼운 신을 신고 가벼운 가방을 메고 어

자신의 방에서,

인생 따위 생각할 수 있을까?

일본철도, 청춘18티켓, 인쇄광고, 2002년, 여름

어른에게는,

좋은 휴가를 가져야만 하는,

숙제가 있습니다.

일본철도, 청춘18티켓, 인쇄광고, 2007년, 여름

디로든 나가야 한다.

기왕 떠난다면 기차를 타는 게 좋을 것 같다. 부산이며 광주까지 먼 길도 단숨에 도착하는 KTX 말고, 이름도 신기한 간이역을 돌고 돌며 숲과 바다 풍경을 창에 가득 들여놓아 주는 완행열차를 타면 좋겠다. 정한 곳 없이 가다가 기차가 멈췄을 때 갑자기 마음을 흔드는 무언가를 만나면 뛰어 내리는 거다. 간이역에 내리는 이는 나 혼자뿐이고, 나이 지긋한 역장은 꾸벅꾸벅 졸다가 화들짝 놀라 깨어 이 마을에 누굴 찾아 왔는지 묻는다. 생각만 해도 설레는 장면이다. 청춘18티켓은 이런 마음도 한 장의 포스터로 아주 잘 표현해 놓았다.

기간도 목적지도 정하지 않은 채 떠나는 여행을 뭐라고 부를까? 민들레 여행이면 어떨까? 손에 들고 훅 불면 미련 없이 허공으로 몸을 날리는 민들레 홀씨처럼 여행을 떠날 수 있으면 좋겠다. 바람이 데려가는 대로 어디든지 가다가 살며시 내려앉은 마을에서, 스스럼없이 말을 거는 동네 노인들 틈에 끼어 앉아 삶은 옥수수를 얻어먹으면 좋겠다. 이런 마음도 이미 청춘18티켓의 인쇄광고는 표현하고 있다. 민들레처럼 떠난 여행에서는 평소의 나와는 조금 다른 내가 되어 살아 보는 거다. 남의 눈을 의식해서 평상시에는 입지 않았던 짧은 치마도 입어 보고, 머리카락을 보라색으로 물들이는 것도 괜찮겠다. 여행하는 도시와 비밀을 만들고는 시침 뚝 떼고 다른 도시로 떠나는 거다.

청춘18티켓의 시작은 1982년 3월까지 거슬러 올라간다. 표 한 장으로 5일 동안 신칸센과 급행을 제외한 보통 등급의 JR열차를 무제한으로 탈 수 있다. 고등학교를 막 졸업한 대학 새내기를 주 타깃으로 만든

무심코 내려 버리는 경험을
한 적이 있습니까?

일본철도, 청춘18티켓, 인쇄광고, 1999년, 겨울

민들레처럼 여행을 떠났다.

일본철도, 청춘18티켓, 인쇄광고, 2002년, 봄

일본철도, 청춘18티켓, 인쇄광고, 1991년, 겨울

이 도시와 비밀을 만들다.

여행지에서는
해본 적이 없는 일을
하고 싶기도 하고,
해보기도 하고.
이 도시만이
그런 나를 목격한다.
굳게 입막음하고
다음 도시로 가야지.

일본철도, 청춘18티켓, 인쇄광고, 2004년, 여름

始

이 여행이 끝나면,
또 다른 '나'가 시작된다.

때로는
정처없이
어슬렁거리기만 해본다.

일본철도, 청춘18티켓, 인쇄광고, 2001년, 봄

$I = t 人^2$

여행의 감동(Impression)은
시간(Time)과 만난 사람(人)들에
비례한다.

일본철도, 청춘18티켓, 인쇄광고, 2003년, 겨울

상품이지만 연령 제한 없이 누구나 이용할 수 있다. 역사가 오래인 만큼 엄청난 수의 인쇄광고가 만들어졌다. 그중 어느 하나도 여행을 떠나라, 기차표를 사라, 직접 말하지 않는다. 그러나 숨 막힐 듯 아름다운 사진과 인생의 비밀을 알려 주는 것 같은 카피 한 줄을 보면 떠나고 싶다는 생각이 저절로 든다.

청춘18티켓의 광고는 말한다. '모험이 부족하면 좋은 어른이 될 수 없다'고. 그래서 내가 좋은 어른이 못 되었나 보다. 모험을 해야 할 나이에 남들 하는 대로 모범생 흉내만 내서 이 나이 되도록 철이 덜 든 미숙한 어른이 되었는지도 모르겠다. 옆길로 새는 것을 해 보지 않아서, 안전한 것만 찾고 모험을 두려워하는 기성세대가 되어 버린 것 같기도 하다.

'나이는 숫자에 불과하다'라는 KTF의 광고 카피가 크게 유행한 적 있었지만, 실제로 나이 들어 보니 그 말은 거짓말이다. 나이는 숫자가 아니다. 그 나이가 아니면 할 수 없는 일이 분명히 있다. 일본의 청춘18티켓이나 우리나라의 '내일로' 열차표를 사는 것도 그중 하나이다. 내일로는 만 29세 이하 청년만 이용할 수 있는 철도 자유여행 패스다. 사실 나이 들어 체력이 떨어진 이들은 그냥 주어도 이용하기 힘든 티켓이다. 지정좌석 없이 일반열차의 입석과 자유석만 사용할 수 있으니 생각만 해도 다리가 아프다.

모험으로 떠나는 기차 여행은 스무 살 청춘에게 훨씬 더 잘 어울린다. 묵직한 배낭을 가뿐하게 메고 한가롭게 아무 역에서나 내리며 여행하는 청년의 모습은 상상만 해도 즐겁다. 곧 여름방학을 맞는 막내에게

모험이 부족하면,
좋은 어른이 될 수 없어.

일본철도, 청춘18티켓, 인쇄광고, 2002년, 겨울

여름방학은,
늦잠이 가장 아깝다.

일본철도, 청춘18티켓, 인쇄광고, 2001년, 여름

기차 여행을 권해야겠다. 특히, 마지막 포스터의 헤드라인은 내가 막내에게 꼭 해주고 싶은 말이기도 하다.

다시 청춘18티켓 광고의 헤드라인을 들여다본다.

학교를 졸업하면 봄은 소리 없이 가버리게 된다.
언젠가는 서두르지 않으면 안 되는 날이 온다.

학교를 졸업하고 너무 오랜 세월이 흘러 나의 봄은 이미 해마다 아무 특별함 없이 지나가고 있다. 서둘러야만 하는 날은 벌써 오고 말았다. 어쩌면 서두르기에도 너무 늦었는지 모르겠다. 그렇다고 여행을 포기하지는 않을 것이다. 여행하며 겪은 시간과 공간, 그리고 사람들이 내 삶을 풍요롭게 하고, 하나의 여행이 끝날 때마다 새로운 내가 태어날 것이므로….

02

사랑이 밥 먹여 주나요?

"딩동댕 지난여름 바닷가에서 만났던 여인…"
파란 대문 집에서 기타에 맞춘 남자의 노래가 흘러나왔다. 한참을 서서 노래를 들었다. 노래 속의 여인이 되고 싶었다. 야간 자율학습을 마치고 밤길을 걸어 집으로 돌아가는 중이었다. 백만 년 전 열일곱 살 때 일이다. 아마 잠깐 사랑에 빠졌던 것 같다.

"나뭇잎 사이로 파란 가로등 그 불빛 아래로 너의 야윈 얼굴…"
불 켜진 가로등 아래서 선배가 기타를 치며 노래를 불렀다. 동아리 친구들이 화음을 넣으며 함께 불렀다. 선배의 야윈 얼굴을 곁눈질로 보는데 가슴이 콩닥거렸다. 삼천 년은 지난 것처럼 느껴지는 대학 새내기 때 일이다. 고백도 못하고 끝난 짝사랑의 시작이었다.

여자와 헤어지고 남자는 무작정 거리를 헤맸다. 뜨거운 캔커피를 사 마시는데 여자가 왈칵 보고 싶어졌다. 공중전화 박스가 눈에 들어왔다. 캔커피를 전화기 위에 올려놓고 동전을 넣었다. 손가락이 알아서 기억하고 여자의 번호를 눌렀다. "여보세요." 여자가 전화를 받았다. 그러나 남자는 말을 못하고 전화기를 귀에 데고만 있다. 수회기 너머의 여자는 남자의 전화라는 것을 알아차렸다. 말없는 전화를 끊지 않는 여자에게 남자는 속으로만 중얼거렸다. "레쓰비의 뜨거움이 그녀에게로 갔다…" 신참 카피라이터 시절 만들었던 캔커피 TV광고의 스토리와 카피다. 전화를 거는 남자모델은 신인에 가까웠던 배우 이병헌이었다.

지금 돌아보니 나의 사랑은 하나같이 유치하고 뻔한 신파였다. 숨기고 머뭇거리고 후회하고 미련을 버리지 못했다. 하다못해 내가 만든 광고조차 드라마나 영화처럼 멋진 반전이나 해피엔딩은 없었다. 어쩌면 내가 청춘이었던 20세기의 사랑은 대부분 그랬는지도 모르겠다.

사랑에 대한 사람들의 생각은 21세기가 되면서 좀 바뀐 것 같다. 어쩌면 바뀐 게 아니라 속물적이라 여겨져 겉으로 말 못하던 속마음을 내놓고 말할 수 있는 분위기가 된 것인지도 모르겠다. 2003년 초반에 만들어진 음료 광고는 사랑에 대한 이상과 현실의 시각 차이를 날것의 언어로 보여주고 있다.

한 편의 연애 드라마 같은 온라인광고는 3분이 넘게 길게 이어진다. 취업준비생인 남자와 회사원인 여자가 연인이다. 잘생기고 경제적으로 여유로운 회사의 선배가 여자에게 호의를 보인다. 선배에 비하면 취업준비생 남자친구는 초라하기 짝이 없다. 둘의 연애는 이상과 현실 사이에서 어쩔 수 없이 흔들린다.

여　　사랑에 관한 가장 잘못된 오해는
　　　그 어떤 것도 극복할 수 있다는 믿음이다.
　　　현실의 사랑은 취업의 차이 하나에도 휘청휘청거리니까.

남   사랑에 관한 잘못된 오해는
       현실을 직시해야 한다는 믿음이다.
       현실의 문제도 시간이 지나면 아주 작은 추억에 불과하니까.

자막   오해

(남자는 여자친구에게 줄 꽃을 사면서 전화를 한다)
남   (전화로) 어, 지현아, 어제는 내가 정말 미안했다.
       그렇다고 소심하게 전화를 안 받냐?
여   좀 바빴어.
남   오늘은 내가 네가 좋아하는 걸로 시원하게 팍팍 쏠게!
여   안 돼, 나 오늘 늦게까지 일해.
남   야, 누군 왕년에 일 안 해 봤냐? 하하, 안 해 봤네….
여   나중에 전화할게.
남   너 매일 일만 하고 살아? 다 먹고살자고 하는 건데, 뭘….

(여자는 웃으며 회사 선배와 나란히 걸어간다)
선배   남자친구는 아직 취직 못 했어?
여   예에….

(시간이 없다던 여자친구가 다른 남자와 같이 걷는 것을 본다)
남   일 많다며? 연애질도 일이냐?
여   오버하지 마.
남   왜? 내가 창피해? 한심해? 불쌍해?
여   시끄러워! 너 뭐야? 네가 뭔데 나한테 큰 소리야?
       레스토랑에서 근사하게 밥 한 번 사준 적 있어?
       네가 남들처럼 자가용 타고 날 어디 데려다줘 봤어?
       내가 일한다고 해놓고 딴 남자랑 만나니까 미치겠어?
       네 눈으로 확인해 보니까 열 받아? 열 받아? 흑흑….
       자존심은 있나 부지, 너도 자존심은 있니?

징신 똑바로 차려, 사랑이 빕 믹어줘?

자믹   사링을 100% 믿으면 바보다.

(눈물을 흘리던 남자가 여자친구의 뺨을 때린다)
남   거짓말하는 것들은 사랑할 자격도 없어!
여   사랑만 갖고 사랑이 되니….
남   사랑은 언제나 목마르다. 2% 부족할 때.

(사랑에 대한 두 사람의 마음이 내레이션과 자막으로 보인다)
여   '너만을 평생 사랑해'라는 말을 믿는 사람은 바보다.
        상대방을 보고 가슴이 뛰는 기간은
        이 세상의 어떤 연인도 2년을 넘기지 못하니까….
        우리는 항상
        새로운 사랑과 이별을 준비해야 한다.
        인성이의 사랑은 이상이다.
남   지현이의 사랑은 현실이다.

보도자료에 따르면 음료 '2% 부족할 때'의 2003년 온라인광고는 국내
최초로 인터넷을 활용한 쌍방향 광고 캠페인이라고 한다. 짧은 버전의
공중파 광고로는 호기심을 유발하고, TV에서 다 보여 주지 못한 광고
내용을 인터넷 동영상으로 보여 주는 형식을 취했다.

여   여자에겐 김중배의 다이아몬드 반지도 사랑이야.
남   가난하지만 이수일의 따뜻한 가슴이 진짜 사랑이야.

같은 해 제작된 시리즈 광고에서 여자와 남자는 이런 말도 주고받았
다. 이수일과 심순애 이야기가 나온 것이 100년 전의 일이니 '돈이냐,

롯데칠성음료, 2% 부족할 때, 온라인광고, 2003

'사랑이냐' 하는 갈등이 지금 시대에만 특별한 것은 아니다. 하지만 초등학생도 이해할 수 있게 만드는 것을 원칙으로 삼고 있는 광고에 저렇게 적나라한 카피가 쓰인 것을 보니 복잡한 마음이 된다.

그런데 저 광고가 나온 16년 전만 해도 여유가 있었던 시절이 아니었나 싶다. 지금은 사랑을 고민하는 것 자체가 배부른 소리로 여겨진다. 많은 청춘이 연애, 결혼, 출산을 포기한 3포 세대에서 한발 더 나아가 5포, 7포, N포 세대로 살고 있다니 말이다.

2019년도 최저시급이 8,350원으로 결정되었다. 이 돈으로는 결혼은 고사하고 데이트도 힘들다. 결혼정보회사 듀오가 2019년 조사한 결과를 보면 20~30대 커플의 1회 평균 데이트 비용은 6만 3,495원이라고 한다. 만약 최저시급을 받는다면 8시간을 꼬박 일해야 겨우 한 번 데이트를 할 수 있다. 한 시간을 일해도 두 사람이 커피 한잔씩 마시기도 불가능한 최저시급을 보면, '결혼을 반드시 해야 한다'고 응답한 20~44세 미혼남녀가 겨우 열 명에 한 명뿐이라는 한국보건사회연구원의 최근 조사 결과가 놀랍지도 않다.

최저시급은 젊은이가 최소한 소박한 데이트 정도는 부담 없이 할 수 있는 액수가 되어야 한다. 사랑이 밥을 먹여 주면 참 좋겠는데 아무리 사랑이 뜨거워도 한 끼니 굶으면 배가 고프다. 밥을 먹어야 사랑도 한다. 밥을 먹어야 연애도 하고 결혼도 하고 아이도 낳는다. 사랑이 밥 먹여 주는 것이 아니라, 걱정 없이 먹을 수 있는 밥이 사랑을, 아이를, 미래를 낳는다.

03

옆길로 새면 거기, 뭐가 있을까?

장마전선이 소나기를 데리고 왔다. 잠깐이지만 후끈한 지열을 식혀줄 비라서 반갑고 고맙다. 일부러 여러 겹으로 된 하늘하늘한 시폰 스커트를 입고 집을 나섰다. 바람이 스커트 자락을 들치며 종아리를 이루만지고 빗방울이 블라우스 깃을 파고든다. 빗방울이 쉴 새 없이 우산을 두드리는 소리를 듣고 있으니, 우산 안의 세상은 방금 전의 무더운 도시가 아닌 다른 곳인 듯한 기분이 든다. 우산 속 세상으로 이제는 추억이 되어 버린 시간, 공간 그리고 얼굴들이 떠오른다. 여전히 궁금하고 애틋한데 이미 스쳐 지나온 인연들이 왈칵 그리워진다. 나 또한 누군가에게 그렇게 잊히고, 누군가를 스쳐 지나고, 언젠가는 영원히 소멸하리라…. 고작 몇 분 동안 뜨겁게 쏟아지다가 스러져 버릴 소나기가 가벼운 우산을 뒤집을 듯 흔들며 외친다. 그러니 망설이지 말라고, 기다리지 말라고, 바람 나도 좋다고!

소나기의 유혹을 뒤따라 몇 년 전 큰 화제를 불러일으켰던 현대카드 광고가 떠오른다. 'MC 옆길로새'라고 이름 붙인 앵무새가 신나는 힙합 음악에 맞춰 랩을 하는 뮤직비디오 형식의 광고다. 성공을 위한 고

정관념에서 벗어나 새로운 자신만의 길을 찾으라는 메시지를 전하고 있다. CM송의 가사는 내용이 재미있고 기발한 것은 물론이고 각운이 아주 재치있다.

어디로든 한번쯤은 옆길로 새.
뻔한 길로 가지 말고 옆길로 새.

남들 모두 가는 길 말고 나만의 길을 만들고, 대세를 좇지 말고 옆길로 새라는 이야기는 더 이상 젊지 않은 나이인데도, 아니 어쩌면 젊지 않은 나이라서 더 귀가 솔깃해진다. 학교를 졸업하고 직업을 가지고 결혼해 아이 낳아 키우는 뻔한 인생을 살다가 어느새 인생 후반부를 준비해야 하는 나이가 되니, 혹시 잘못 살아온 것은 아닐까 하는 마음이 든다. 옆길로 한 번 새보지도 못하고, 바람 한 번 나본 적 없이 죽게 된다면 억울할 것도 같다.

이런 생각을 하는 이들이 나 말고도 많은지 둘러보면 주변에 바람 난 친구들의 소식이 자주 들린다. 주말마다 등산하며 산과 바람 난 친구, 시민 극단에 들어가 연극과 사랑하는 친구, 드럼을 배워 아마추어 밴드와 연애 걸고, 합창단에 가서 노래하는 재미에 홀리고, 봉사단을 만들어 이웃돕기에 빠진 친구도 있다. 지금까지와는 완전히 다른 옆길로 새는 친구도 있다. 서울살이를 정리하고 훌쩍 제주도로 가거나, 멀쩡한 직장 관두고 과수원을 하겠다고 나선다. 첫사랑에 빠진 것처럼 열심이다. 부럽기도 하고, '늦기 전에 나도!' 하는 욕망이 불끈 솟기도 한다. 내가 기꺼이 바람 나고 싶은 대상은 무엇일까? 옆길로 새서 가고 싶은 곳은 어디일까? 더 늦기 전에 더 늙기 전에… 지금부터라도 찾아봐야겠다.

현대카드, 기업PR 뮤직비디오, '옆길로새' 편, 2013

노래

/

아임 엠시(I'm MC) 옆길로새. 앤 마이 프렌드(And my friend) 현대카드.

이 거리의 옷매무샌 너무나도 뻔해.

머리부터 발끝까지 유행이야 올해.

난 싫지 허세, 무시하지 대세.

눈에 띄는 날개가 남게 되지 후세.

내 삶의 목표는 영웅이야 난세.

세상 모두 쫓아가도 쫓지 않아 절대.

틈새를 노려 무는 한 마리의 늑대.

뻔한 길은 싫어 길 만들지 모세.

한번쯤은 옆길로 새, 같이 새.

뻔한 인생 옆길로 새, 같이 새.

가던 길을 한 번 부수면, 같이 새.

디퍼런트(different) 오늘 만세!

아이 메이크 브레이크 메이크(I MAKE BREAK MAKE).

(중략)

어디로는 한번쯤은 옆길로 새.

뻔한 길로 가지 말고 옆길로 새.

04

실연당하지 않고 피는 청춘이
어디 있으랴!

첫사랑을 잃었을 때 큰아이는, 잘 먹지도 못하고 잘 자지도 못하며 실연의 병을 심하게 앓았다. 지켜보는 내 마음도 편치 않았다. "일주일가면 지금보다 괜찮아지고 한 달이 가면 좀더 괜찮아질 거야" 위로했더니, 아이는 "시간이 왜 이렇게 안 가요?" 하고 물었다. "너랑 잘 안 맞는 것 같다고 했잖아"라는 말에는, "왜 자꾸 좋았던 기억만 나요?" 혼잣말 같은 대답…. "안 먹었는데 왜 배가 안 고파요?" 하기에, "다른 곳이 많이 아파서 배고픔을 못 느끼는 거야"라고 얘기했다.

마음이 마음대로 되지 않던 나의 스무 살이 겹쳐 떠올랐다. 그래, 아프겠지. 실컷 아파한 뒤에는 툭툭 털고 일어나 새로운 사랑을 만나렴. 곧새로운 사랑이 찾아올 거라는 말은 입 밖에 내지 않고 마음속으로만했다. 사랑 때문에 아픈 청춘이 애틋하면서도, 속세에 찌든 엄마는 아이가 밥벌이 때문에 아픈 게 아니라 다행인 마음이 들었다. 서른이 아닌 스물 둘, 실연에 딱 적당한 나이에 사랑을 잃어서 다행이라고 생각했다.

그로부터 몇 해 뒤 어느 날, 지하철 막차시간이 지나도 들어오지 않는 둘째가 걱정되어 전화를 했다. 아이는 늦은 귀가를 미안해하기는커녕 독립운동이라도 하다가 방해받은 것처럼 화를 냈다. 아이의 항변은 "저 오늘 헤어졌단 말예요!"였다. 그러고는 한밤중에 들어와서 한참이나 넋두리를 했다. "정말 억울해요, 어떻게 나한테 그럴 수가 있어요? 진짜 마음을 다해 사랑했는데…." 큰아이 때보다는 나도 충격이 덜해서 "다른 친구 만나면 되지, 헤어졌다고 뭘 이렇게 유난을 떨어? 속 다 버리겠다" 하며 가볍게 대꾸했다. 그랬더니 아이는 "이제 다시는 사랑 안 할 거예요"라는 지키지도 못할 다짐을 비장하게 했다. 사랑은 사랑으로 잊는 거라는 진실은 차마 말하지 않았다.

실연의 의미를 한 줄의 카피로 통찰한 광고가 있다. 일본 아사히의 한 음료 광고인데 분위기는 심각하지 않고 코믹하다. 한 남자가 실연을 당해 고개를 푹 숙인 채 한숨을 쉬고 있다. 이제 겨우 유치원에나 다닐까 싶은 어린 꼬맹이 둘이 만화 캐릭터 같은 가발을 쓰고 남자에게 소리 지른다. 한 번 실연당했다고 물러서지 말고 실연을 더 많이 당해 보라고, 자신의 슬픔을 알아야 다른 이의 슬픔도 알 수 있다고.

페트병에 든 가벼운 음료 광고에 저토록 심오한 카피를 얹다니, 참 재기 발랄하다. 약간 과장하면 우리는 실연으로 인해 슬픔도 인생의 한 부분이라는 것을 절절하게 체험하는 것이 아닐까 싶다. 실연의 상처를 이겨내면서 슬픔을 받아들이고 청춘의 다음 단계로 나아간다. 나아가 남의 슬픔에 진심으로 공감하는 능력을 얻기도 한다.

"엄마, 저 지금 좀 나가야 되겠어요."

아사히, 세븐컬러워터, TVCM, 2014

남자　　휴우….

아이 1　왜 그러는데요?

남자　　실연당했어.

아이 2　몇 번 더 실연당해 보세요!

남자　　(의아해 하는 표정) 에?

아이 1　자신의 슬픔을 알아야

　　　　처음으로 다른 사람들의 슬픔도

　　　　알 수 있잖아요.

아이 2　원래 그런 거예요.

남자　　(수긍하며) 네!

"밤 열한 시에 왜?"

"저랑 친한 선배가 여자친구랑 헤어졌는데 많이 힘들대요.
택시비 줄 테니 기숙사로 좀 와달래요."

"며칠 전에도 그 형 위로해 준다고 새벽까지 술 마시다 오지 않았어?"

"맞아요. 형이 오늘 여자친구 다시 만나서 성격 고치겠다고
계속 만나자고 설득했는데 잘 안 됐대요."

둘째는 오늘도 실연 당한 선배의 부름에 밤늦게 뛰어나갔다. 군대 간
친구가 휴가 나왔을 때 그리고 친구나 선후배가 실연을 당했을 때, 막
내는 시간과 장소를 불문하고 무조건 쫓아 나간다. 그 두 경우는 3차
세계대전 버금가게 심각한 일이어서, 당장 달려가 그 엄중함을 함께
나누어야 한단다. 그렇게 청년들은 오늘도 서로의 슬픔을 헤아리고 위
로하는 중차대한 일을 하고 있다. 실연이 먼 나라 이야기가 된 엄마는
'모여서 공부를 그리하면 고시에도 붙겠다'는 잔소리를 꾹 참고 아드님
이 아침에 먹을 북엇국을 끓인다.

05

나이에 유통기한이 있는 걸까요?

무심코 유튜브를 보다 가슴을 쿵 울리는 카피를 들었다. "태어날 때부터 우리에겐 유통기한이 정해져 있는 걸까요?" 부모 품에 안긴 아기들의 영상 위로 흐르는 내레이션이었다. 마침 광고인으로서 나의 유통기한은 언제까지일까, 출근길 지옥철에 오를 때마다 생각하던 참이었다.

화장품 브랜드 SK-Ⅱ의 2017년 캠페인 영상은 서울과 상하이, 도쿄에서 여자아기가 태어나는 모습으로 시작된다. 갓난아기들의 팔뚝에는 생년월일인 "1987/08/30"과 30년 후인 "2017/08/30"이라는 숫자가 나란히 새겨져 있다. 아기들은 소녀가 되고 아가씨로 자라면서 팔뚝 위의 숫자를 자꾸 의식하고 가리려고 애쓴다. 호감 가는 남자와 있을 때나 친척이 모인 자리에서 또는 결혼한 친구를 볼 때, 나이 들수록 그녀들은 점점 위축된다. 마침내 2017년, 결혼하지 못한 채 만 서른 살이 된 세 나라, 세 명의 여성은 절망하고 눈물을 흘린다.

그러나 그들은 절망에 머무르지 않는다. 편견을 깨겠다는 힘든 결심을 하고 팔뚝의 숫자를 숨기기 위해 내렸던 소매를 걷어 당당하게 숫자를

SK-II, 영상 캠페인, '운명을 바꾸다' 편, 2017

Na.
/
태어날 때부터 우리에겐 유통기한이 정해져 있는 걸까요?
처음엔 희미하지만, 나이가 들수록 선명해지고
나도 모르는 사이 나의 행동을 틀 안에 가두며
솔직한 마음을 전하는 것도 망설여지게 하는
나이로 나를 판단하는 타인의 시선들….
나이에 정말 유통기한이라는 게 있는 걸까요?
결혼, 출산, 특정 나이 전에 하지 않으면 안 된다는 편견들.
아니면 우리가 바꿀 수 있을까요?
나이에 대한 편견에 굴하지 않고 내가 지금 무엇을 원하는지
무엇이 중요한지 스스로 결정한다면,
그리고 그 결심을 모두와 나눈다면 운명은 바뀔 수 있지 않을까요?

자막
/
나이에 유통기한은 없다.
늦으면 안 된다는 타인의 말에 휘둘리지 마세요.

내보인다. 그러자 놀랍게도 문신처럼 새겨져 있던 숫자들이 스르르 사라진다.

이 영상은 사회가 암묵적으로 여성의 결혼 적정 연령을 규정하고 있음을 환기하고, 누구도 나이로 여성을 재단하고 평가할 수 없다는 메시지를 전하기 위해 만들었다고 한다.

팔에 새겨진 유통기한을 지워 버린 영상 속 여성들 위로 오랜 친구의 모습이 겹쳐 떠올랐다. 친구는 30년을 꼬박 고등학교 교사로 일하다 지난 달 말 명예퇴직했다. 그리고 앞으로 시골로 터전을 옮겨 농사를 짓겠다고 공표했다. 그녀는 진작 '토종학교'에 등록해 토종씨앗으로 농사짓는 법을 배웠고, 몇 년 동안 텃밭을 가꾸고 농부들과 교류하며 실전연습을 하고 있었다. 그녀의 은퇴 기념파티 초대카드에는 연필로 꾹꾹 눌러 쓴 문장이 적혀 있었다.

> 풀을 이길 수 있으면 농사짓고
> 아니면 꿈도 꾸지 말라던데
> 전 풀이 좋습니다.

손으로 그린 카드는 풀잎 모양을 낸 노끈으로 묶여 있었다. 풀과 싸우지 않고 사이좋게 농사를 짓겠다는 다짐으로 보였다. 기꺼이 친구의 은퇴 기념파티에 참석했다. 파티장의 친구는 새 출발의 꿈에 부푼 새내기처럼 행복해 보였다. 타인의 시선, 집과 직장의 의무감을 모두 벗어 버리고 자신이 원하는 일을 스스로 결정하고 그 결심을 주변과 나누는 친구에게 나이나 직업의 유통기한 따위는 벌써 사라지고 없었다.

풀을
이길 수 있으면
늘어 지고
아니면
꿈도 꾸지 않라 틴데
저는
풀이 좋습니다

지어야 하나
말아야 하나

친구의 은퇴 기념파티 초대카드

집으로 돌아오면서 나의 유통기한에 대해 생각했다. 몸담은 조직과 맺은 계약의 유통기한은 맘대로 거스를 수 없다. 그러나 내 안팎의 고정관념이 만들어낸 유통기한은 모두 필요 없는 것들이다. 하고 싶은 일 유통기한, 연애 유통기한, 여자 유통기한, 여행 유통기한, 모험 유통기한 같은 것들이 그렇다. 그 무엇보다 이 가을에는, 행동하기도 전에 자꾸 머뭇거리게 만드는 내 마음속 '나이 유통기한'을 없앨 수 있었으면 좋겠다.

06

벼도 잠을 자야 풍년이 들지!

KTX 호남선을 타고 남도로 가는 길이었다. 기차의 창밖으로 초록 빛깔의 논이 끊어졌다가 이어지길 반복했다. 누구의 손길이 저 벼를 심었을까? 가지런히 줄 맞추어 서있는 벼들이 나란히 줄 서서 소풍 가는 유치원생들처럼 보였다.

"모내기들을 벌써 다했네."
"그럼 해야지, 망종 지난 게 언젠데…"
앞 좌석에 앉은 노부부가 창밖의 논을 보며 이야기를 나누신다.

움푹 파인 볼에 검정 뿔테안경을 쓰신 할아버지는 양복을 멋지게 차려 입으셨다. 큼직한 에메랄드 반지와 진주 목걸이를 하신 할머니는 반짝이가 붙은 고운 보라색 니트 차림이다. 서울 결혼식에 왔다가 집으로 돌아가는 길이라고 했다. 기차가 출발할 때 보니 플랫폼에 서있던 아들에게 어서 들어가라고 연신 손을 흔드셨다.

"오늘 아침 일곱 시 기차 타고 왔다가 지금 가는 길이야.

서울은 너무 정신이 없어. 정말 복잡해!"

"아들은 자고 가라고 붙잡는데 가서 할 일이 많아. 매실도 따야 하고…"

묻지도 않은 얘기를 술술 풀어 놓으신다.

"요즘 논에 거머리 있어요?"

논에 눈길을 주던 친구가 물었다.

"거머리? 요새는 없어. 우덜 젊었을 때는 많았지.

한번 붙으면 안 떨어져서 펄쩍펄쩍 뛰었어.

논흙을 대고 박박 문질러야 겨우 떨어지고 그랬어."

"저 벼들 언제 수확해요? 추석인가?"

무지함을 탄로 내며 내가 여쭈었다.

"벼들은 심고 100일이 지나야 거둘 수 있어."

논에 심어진 후 100일 동안 벼들은 날마다 조금씩 자라겠지? 농부의 손길이 88번이나 닿아야 쌀 한 톨이 나온다니, 벼를 벨 때까지 농부들의 수고는 끝이 없을 것이다.

애지중지 벼를 키우는 농부의 마음을 잘 표현한 광고 한 편이 있다. 2002년에 전파를 탄 풀무원의 기업광고이다. 카메라는 처음에 벼가 빼곡하게 들어찬 논과 그 한가운데 있는 농부의 집을 보여 준다. 집 마당에 환하게 켜진 방범등이 논을 비추고 있다. 곧 방 안에서 아버지의 목소리가 들린다. "얘야, 마당에 불 꺼라. 벼도 잠을 자야 풍년이 들지." 그 말이 떨어지기가 무섭게 누군가 불을 끄고 논은 어둠에 잠긴다. 카메라가 더 가까이 벼를 클로즈업하면 벼 위에서 개구리 한 마리가 풍덩 논으로 뛰어든다.

그래도 된다면 농부들은 기꺼이 벼에게 이불을 덮어줄 것이다. 자식

키우듯 하루에도 몇 번씩 들여다보고 쓰다듬고 잘 자라길 기원할 것이다. 농부는 사람의 생명이 자연의 생명에 빚지고 있다는 것을, 자연과 사람의 생명이 다르지 않다는 것을 본능적으로 알고 있다. 그래서 "생명을 하늘처럼" 귀하게 여기고 있는 사람들이다.

다음 해 이어진 TVCM들 역시 "생명을 하늘처럼"이라는 큰 주제를 감이나 콩과 같은 작은 소재로 친근하게 풀어 내고 있다. 콩밭에서 아이와 콩을 심으며 엄마가 조곤조곤 얘기한다. 한 알은 새가 먹고 한 알은 벌레가 먹고 한 알은 사람이 먹어야 하니 심을 때 세 개씩 넣으라고. 감나무 아래서 나무를 흔들며 감을 따는 아이들에게, 지나가던 농부는 새들이 먹게 까치밥 몇 개는 남겨 두라고 이른다. 15년이나 된 광고가 하는 말인데 지금도 고개를 끄덕이게 된다.

풀무원은 이 캠페인을 만들기 전 소비자 조사를 통해 자사의 브랜드 이미지를 자연, 신선, 안전이라는 세 단어로 정리했다고 한다. 그리고 생명 존중, 이웃 사랑 철학을 고객과 함께 공유하려는 의도에서 "생명을 하늘처럼" 캠페인을 전개했다. 이 캠페인을 통해 풀무원 광고는 한 단계 업그레이드되는 순간을 맞았다. 제품의 특장점을 직접 말하지 않으면서도 자사에서 생산되는 모든 제품에 자연 친화적인 이미지를 담은 것이다. 전파광고와 연동하여 제작된 인쇄광고는 판화가 이철수 화백의 글씨와 그림을 사용하여 캠페인 메시지를 전하는 데 일조하고 있다.

천천히 읽어 보면 쉬운 말로 생명의 이치를 잘 표현하고 있다. 나무와 풀을 자세히 쳐다본 이가 쓴 카피다. 땅과 벌레를 사랑하는 사람이 만든 광고다. 벌레 먹어 상한 잎이 오히려 건강한 잎이라고 말할 줄 아는

생명을 하늘처럼

Pulmuone

풀무원, '벼' 편, TVCM, 2002

아버지
/
얘야, 마당에 불 꺼라.
벼도 잠을 자야 풍년이 들지.

S.E
/
(개구리 울음소리)

Na.
/
자연의 생명이 사람의 생명입니다.
생명을 하늘처럼, 풀무원.

풀무원, '콩' 편, TVCM, 2003

엄마
/
콩 심을 땐 세 개씩 넣는 거야.

아이
/
왜요?

엄마
/
하나는 새가 먹고
하나는 벌레가 먹고
하나는 사람이 먹지.
나눠 먹는 거야.

Na.
/
자연의 생명이 사람의 생명입니다.
생명을 하늘처럼, 풀무원.

110

풀무원, '감나무' 편, TVCM, 2003

남
/
얘들아,
댓 개 좀 남겨 둬라.
새들도 먹어야지.

Na.
/
자연의 생명이 사람의 생명입니다.
생명을 하늘처럼, 풀무원.

누렁이도 제집 들어가고
사람도 자리를 폈습니다.
"얘야, 마당에 불 꺼라.
벼도 잠을 자야 풍년이 들지."
들판에 벼가 잠을 잡니다.
이 땅 위에 생명이 익어갑니다.

풀무원, '베개' 편, 인쇄광고, 2002

감씨 하나 손바닥에 올려놓으니,
그 안에 나무 한 그루 있습니다.
이 작은 씨앗 하나에
그 큰 생명이 들어앉았습니다.
땅으로 곱게 돌려보냅니다.
내년에 더 큰 생명으로
다시 오겠답니다.

풀무원, '감씨' 편, 인쇄광고, 2002

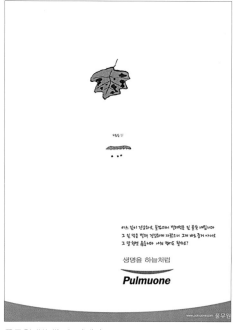

풀무원, '벌레' 편, 인쇄광고, 2003

어느 잎이 건강하오 물었더니
벌레 먹은 잎 불쑥 내밉니다.
그 잎 먹은 벌레
건강하게 자랐으니
그게 바로 증거 아니오.
그 말 한번 옳습니다.
나눠 먹어도 될까요?

풀무원, '꽃샘추위' 편, 인쇄광고, 2003

찬바람 맞으며 꽃 피우는 일,
쉬운 일이던가요.
꽃 진 자리에 열매 맺는 일,
어디 편한 일이던가요.
세상에서 가장 강인한 생명력,
바로 당신입니다.

낙천적인 카피라이터가 쓴 문안이다

기차가 남쪽으로 내려갈수록 초록 논이 더 많이 나타났다. 사이사이 무엇을 심었는지 비닐하우스도 팽팽하게 버티고 서있었다. 땡볕에 논에 들어가 허리를 굽히고 있는 농부가 보인다. 앞으로 백 날 동안 저이들은 에어컨은커녕 선풍기도 없는 들판에서 벼를 키울 것이다. 고추며 오이, 가지, 참깨, 들깨에게 땀과 정성을 쏟을 것이다.

마음의 준비를 하기도 전에 폭염이 시작되었다. 6월에 이렇게 더우니 7, 8월을 어떻게 지낼지 한숨이 나온다. 하지만 어떻게든 꿋꿋하게 이 여름을 지내야 가을이 오고 열매가 열릴 것이다. 한겨울의 찬바람을 견디고 꽃 피우는 일이 쉬운 일이 아니듯, 무더위와 가뭄 이기고 열매 맺는 일 또한 하늘과 땅과 사람이 모두 힘을 합쳐야 가능한 기적 같은 일이다. 논과 밭이 바쁘게 생명을 키우는 7월, 나는 무엇을 키워 가을의 수확을 거둘까? 매일 기적을 일으키는 들판을 보며 분주한 마음이 들었다. 지금까지 해온 일은 과연 언제까지 내게 열매를 가져다줄까? 앞으로도 오랫동안 내가 정말 하고 싶은 일은 무얼까? 여름이 무성할수록 상념도 따라 무성해졌다.

07

한여름 느티나무 같은 청춘에게
전하는 말

여름의 끝이 보이지 않는다. 해가 지날수록 여름은 더 길고 더 습하고 더 덥다. 나이 탓인가 했는데 실제로 우리나라의 여름이 길어졌다는 조사 결과가 뉴스에 나왔다. 기상청에서 정의하는 여름은 일평균 기온이 20도 이상 오른 뒤에 떨어지기까지의 기간이라고 한다. 이 계산에 따르면 강릉의 여름은 1910년대 88일이었는데 2010년대 118일로, 대구는 108일에서 136, 목포는 107일에서 123일, 부산은 101일에서 133일, 서울은 94일에서 130일로 늘어났다. 2016년의 여름 일수는 훨씬 더 길다. 강릉은 121일, 대구 137일, 목포와 부산은 140일, 서울은 무려 142일이었다. 2016년 서울에 있었다면 100년 전 사람들보다 거의 50일이나 긴, 다섯 달에 가까운 기간을 여름 속에서 지낸 셈이 된다.

여름은 어떤 계절일까? '여름'은 '녀름'이 변한 말이라고 한다. 녀름이 무슨 뜻인지 정확하게 알려져 있지는 않지만 학계에서는 '덥다, 뜨겁다'와 관련 있는 것으로 추측하고 있다. 옛말 '녀름'은 '농사'라는 뜻도 함께 지니고 있었고, 녀름이 여름으로 바뀌면서 '열매'를 의미하는 '여

류'과도 동유어가 되었다. 따라서 '여름'은 여름이라는 계절, 농사 그리고 열매의 의미까지 가진 말이 되었다. 단어가 가진 뜻을 풀어서 해석하면 여름은 더운 날씨에 땀 흘려 농사 지어 열매를 만드는 계절인 것이다. 생명이 있는 것들은 열매를 맺기 위해 더워도 쉬지 않고 일해야 한다. 더운 날씨에도, 아니 어쩌면 더운 여름에 가장 왕성하게 성장해야 하는 것이다.

만물이 쑥쑥 '성장'하고 있는 여름에 잘 어울리는 TVCM이 있다. 바로 지난 2017년 5월 방송된 메르세데스-벤츠의 'Grow up'(성장하라) 캠페인이다. 벤츠의 오래되고 낡은 이미지에서 탈피하여 현대적이고, 진취적인 브랜드 정체성을 만들어 젊은 층을 공략하려는 마케팅 전략으로 만든 캠페인이라고 한다. 'Grow up'이라는 캠페인 주제를 알려 주는 '종합' 편을 포함해서 모두 5개의 영상이 제작되었는데, 100년이 넘는 벤츠 브랜드 역사상 가장 광범위한 캠페인이다.

캠페인의 시작을 알리는 종합 편에 해당하는 'Grow up' 편을 보자. 영상은 자유분방한 젊은이들의 모습을 보여준다. 젊은 친구들은 트레이닝복을 입고 껄렁한 모습으로 앉아 있거나 해변에서 물놀이를 한다. 나이트클럽에서 신나게 몸을 흔들기도 하고, 싸우고, 큰 소리 치고, 어른을 놀리고, 지나가는 여자를 희롱하기도 한다. 그리고 그런 행동들과는 전혀 반대되는 카피가 자막과 내레이션으로 흐른다. 길 가는 여자에게 수작을 거는 남자 위에 "매너를 지켜라"라는 자막이 뜨거나, 아이가 보는 데서 큰 소리로 다투는 엄마와 아빠의 모습 위로 "좋은 역할모델이 되어라"라는 카피가 들리는 식이다. 몸과 나이는 성인이 되었지만 아직 완전히 성숙하지 않은 젊은 세대의 가족과 꿈에 대한 고

벤츠, 홍보영상, 'Grow up' 편, 2017

Na., 자막

/

인생은 결국 몇 가지 간단한 원칙을 지키면 된다.

신사가 되어라.

열심히 일해라.

매너를 지켜라.

나이 든 사람을 존중하라.

제대로 된 직업을 가져라.

결혼해라.

가족과 함께 시간을 보내라.

책임감을 가져라.

너의 스타일대로 해라.

적절하게 차려 입어라.

가정을 꾸려라.

좋은 역할모델이 되어라.

교외로 이사하라.

겸손하라.

전통을 이어라.

충고에 귀 기울여라.

성장할 시간이다! Drive.

민음을 보여 주는 영상이다.

성숙한 어른이 되기 위해 지켜야 할 규칙을 하나씩 읽어 보니 어느 것 하나 쉽지 않다. 사실 장년을 지나 노년에 접어든 사람들도 잘하지 못하는 일이 태반이다. 종합 편에서 제시한 각각의 '간단한 원칙들' (simple rules)에 맞추어 많은 영상과 이미지가 제작되었다. 한 편 한 편 실제 상황 같은 리얼한 스토리를 보여 준다. 그중 벤츠의 소형 다목적차 B클래스가 등장하는 '좋은 부모가 되어라'(Be a good parent) 편이 특히 마음에 와닿았다. 평생 좋아하지 않는 일을 하면서 보낸 아버지가, 회사를 그만둔 날 아들을 불러 지금 행복하다면 그 일을 끝까지 하라고 격려하는 내용이다.

60세는 되어 보이는 말쑥한 양복 차림의 남자가 정신 나간 표정으로 바닷가에 서있다. 수화기 너머로 걱정하는 아내의 음성메시지가 들린다. 남자는 자신의 승용차에 앉아 한숨을 쉬고 차창을 주먹으로 치기도 한다. 뭔가 화가 난 것 같기도 하다. 그리고 안경을 잃어버려 운전할 수가 없으니 데리러 오라고 아들에게 거짓말을 한다. 거의 1년 만에 하는 연락이다. 전화를 받고 달려온 아들은 평소와 다른 아버지를 걱정한다. 아들이 운전하는 차로 두 사람은 바닷가 식당에 가서 함께 식사를 한다. 그동안에도 남자를 걱정하는 여러 사람의 목소리가 휴대전화에 계속 녹음되고 있다.

아들은 1년 만에 연락해 제대로 된 직업을 가지라고 잔소리하는 아버지가 못마땅하다. 그런 당신은 지금의 일에 만족하냐고 되묻는다. 아버지는 어색한 대화를 수습하며 아들 친구의 졸업작품영화 상영회가 열리는 파티에 따라나선다. 거기서 아들은 잃어버렸다던 아버지의 안경이 차 안에 있는 것을 발견하고, 아버지는 회사를 관두었다고 고백한다. 35년을 한길만 걸었는데 어느 날 문득 '이게 다인가?' 하는 생각이 들었다고, 그러니 너는 좋아하는 일을 하라고…. 아버지는 그때까지 목을 조이고 있던 넥타이를 느슨하게 풀며 비눗방울을 불기도 하고 청년들 틈에 앉아 영화를 보기도 한다. 대화하는 두 사람의 머리 위로 비행기 한 대가 먼 하늘로 날아간다. 비행기를 바라보며 아들은 아버지에게 이제 무엇을 할 거냐고 묻는다. 아버지는 대답 대신 슬며시 뜻을 알 수 없는 미소를 짓는다. 두 사람의 표정은 걱정하는 기색 없이 평화롭다. 서로를 믿고 지지하는 따뜻한 분위기가 느껴진다.

좋은 부모란 그런 사람인지도 모르겠다. '직업을 갖고 가정을 꾸리고 신사가 되어' 35년을 열심히 일한 뒤 '과연 이게 다인가' 하는 허무한 순간을 맞이했을 때, 그대로 주저앉지 않고 다시 새로운 시작을 하는 사람. 절망의 순간에도 자식의 얼굴을 보며 힘을 얻고, 자식에게 나는 못 했지만 너는 네가 행복한 일을 계속하라고 말할 수 있는 사람. 자신이 살아온 세상과는 전혀 다른 세상을 살아가야 할 자식이 스스로의 원칙과 스타일을 찾도록 지지해 주는 사람.

지금 인생의 한여름을 살고 있는 20대 내 아이들에게 이 캠페인을 보여 줘야겠다. 그리고 얘기해야지, 너희들은 지금 한여름 느티나무처럼 자라고 있다고. 마음속 깊은 곳에서 들리는 소리를 듣고, 시대와 사회의 요구도 외면만 하지는 말라고. 덥다고 나무가 자라는 것을 멈추지 않듯이, 두려워도 망설이지 말고 계속 앞으로 나아가라고! 엄마는 변함없이 너희들 곁에 있겠다는 사족 같은 말도 덧붙일 것이다. 그러니

아내	(수화기 너머에서) 토미, 여보, 저예요.
	방금 회사에서 전화가 왔는데 대충 얘기는 들었어요. 괜찮아요?
토미	잭, 아빠야. 별일은 아니고 내가… 바보같이 안경을 잃어버렸어.
	뭐가 보여야 말이지….
	괜찮으면 우리 회사 앞으로 와줄 수 있니? 운전을 할 수가 없네.
자막	Be a Good Parent.

(아들이 운전하는 자동차 안)

아들	혹시 어디 아프세요?
토미	아프긴, 나 죽는 거 아냐.
아들	저한테 1년 만에 연락하신 거 아세요?
토미	정말 안경 때문이라니까.
아들	그래요, 그러시겠죠.
여자 1	(수화기 너머에서) 무슨 일 있으세요? 바로 전화 주세요.

(바닷가 레스토랑)

토미	그래서…. 요즘은 무슨 일 하니?
아들	사진 작가요.
토미	그런 거 말고 너도 제대로 된 직업을 가져야 하지 않겠니?

벤츠, 홍보영상, 'Grow up: Be a good parent' 편, 2017

아들   아버지는 지금 일에 만족하세요?

토미   그런 얘기 하자고 여기 온 거 아니잖아. 우린 그냥 랍스터 먹으러 온 거야.

남자 1   (수화기 너머에서) 토머스, 소식 들었어. 어떻게 된 거야?

         전화 좀 줘. 누구보다 열심히 일해 왔잖아….

(달리는 차 안)

토미   영화 한다는 친구, 그 친구 파티에 간다고?

아들   네, 얼마 전에 졸업했어요.

토미   입장권 같은 거 있어?

아들   따로 입장권 같은 건 필요 없어요.

(졸업작품영화 상영회가 열리는 해변)

토미   나 회사 그만뒀다.

         평생 한길만 걸었는데 어느 날 갑자기 그런 생각이 들더라. 이게 다인가?

         난 좋아하지도 않는 일을 35년이나 했어.

         그러니까 넌 지금 행복하다면, 끝까지 한번 해 봐.

아들   이제 뭐 하시려고요?

자막   Grow Up. Be a good parent.

         Drive

휴 두하라고 생색내는 것도 물론 빼먹지 않을 것이다. 이 여름이 끝나면 한 뼘 더 자라 있을 아이들의 모습을 상상해 본다. 무더위가 조금은 견딜 만하게 느껴진다.

08

여름은 짧아요, 꿈을 미루지 말고
현재의 삶을 살아요!

여름이 시작되었다. 언제부터인지 여름과 겨울이 다가오면 겁부터 덜컥 난다. 이번 여름은 얼마나 더우려나, 올겨울은 또 얼마나 혹독하게 추우려나 하는 걱정이 앞서기 때문이다. 내게도 분명 여름을 기다리던 때가 있었다. 여름방학이 있는 달콤한 달력이 내 것이던 학생 때나 휴가를 여름에만 써야 했던 입사 초년병 시절이 그랬다. 길고 지루한 기말고사가 시작되면 여름을 기다리는 마음은 더욱 간절해졌다.

차가운 나무마루에 배를 깔고 엎드려서 석유 냄새 풀풀 풍기는 신문을 읽던 여름. 저절로 눈이 떠질 때까지 늘어지게 자고 일어나 앞마당에서 따온 상추와 풋고추로 차린 늦은 아침을 먹던 여름. 온전히 내가 가고 싶은 휴가지를 골라 내 한 몸만 챙겨 떠나던 단출한 여름. 파도 소리를 반주 삼아 밤늦도록 노래 부르던 여름…. 그때는 여름이 지금보다 짧았고, 뜨거워도 좋았다.

지금도 지구 다른 쪽에는 여름이 짧다고 아쉬워하는 사람들이 있다. 러시아나 스웨덴 같은 북유럽 나라 사람들은 여름이 오면 흥분한다고 한다. 아마도 겨울이 길었기 때문에 태양의 계절이 더 즐거울 것이다. 옆에 있는 이미지는 여름을 맞아 흥분한 사람 중 한 명이 만든 것 같은 러시아의 인쇄광고다. 아비오네로(Avionero)라는 항공권 예약 사이트의 광고인데, 파리의 에펠탑이 다 보이지 않고 잘려 보인다. 아름다운 바닷가의 모습도 문틈으로 보는 것처럼 아주 조금밖에 안 보이고, 루브르 박물관에 있는 밀로의 비너스도 답답하게 조금만 보인다. 여름이 3개월이나 된다고 휴가 계획을 미루고 있다가는 제대로 즐기지도 못하고 여름을 보낼 수도 있다는 메시지가 화면에 시각적으로 담겨 있다. 항공편 예약을 서두르라는 얘기다. 단 두 줄의 간결한 카피가 여름휴가를 느긋하게 계획하려는 마음에 조급함의 불을 댕긴다.

여름은 아주 짧아요.
놓치지 마세요!

아비오네로의 광고는 거리와 빌딩 벽, 지하철 역사 등에도 설치되어 오가는 이들의 시선을 잡아 끌었다.

그림만 봐도 어디론가 휴가를 떠나고 싶게 만드는 광고도 있다. 2017년 인도네시아에서 런칭된 '어드벤처 해먹'의 "달로 가는 티켓"(Ticket to the moon) 캠페인이 바로 그것이다. 이 캠페인은 경치 좋은 곳을 찾아 나무 사이에 해먹을 매달고 휴식을 즐기는 사람들의 습관에 착안하여 멋진 경치를 배경으로 사용했다. 해변의 달, 사막의 달, 협곡의 달, 대초원의 달 등 모두 4편으로 만들어졌는데 착시효과 때문에 아름다운 하늘에 걸린 초승달이 해먹처럼 보인다. 어드벤처 해먹에 누우면 아주 편안하고 고요한 시간을 가질 수 있다는 메시지를 한 줄의 카피

아비오네로, 프로모션, 인쇄광고, 2018

아비오네로, 프로모션, 옥외광고, 2018

도 없이 사진 한 장만으로 강렬하게 표현하고 있다.

문화체육관광부와 한국관광공사, 한국문화관광연구원이 국민 1,105
명을 대상으로 2018년 하계휴가 실태를 조사한 결과를 보도로 접했
다. 응답자의 55.2%가 여름휴가를 계획 중이며 이들 가운데 82.6%
가 국내 여행을 생각한다고 응답했단다. 국내 여행 목적지 1순위는
32.1%의 강원도가 차지했다. 이어 경남(12.7%), 경북(10.4%), 전남
(9.9%), 경기(9.3%)가 순서대로 이어졌다.

휴가 기간은 예년과 마찬가지로 7월 중순부터 8월 중순 사이에 집중
됐다. 특히, 7월 말에서 8월 초 가장 많은 이들이 휴가를 떠날 것으로
예상되는데, 7월 28일에 떠난다는 대답이 20.3%로 가장 많았다. 전국
의 거의 모든 학원이 7월 말에서 8월 초에 잠깐 방학을 하니 이 기간에
휴가가 몰리는 것이다. 머지않아 해운대 해변을 가득 메운 파라솔 행
렬과 강원도행 고속도로에 가득 찬 휴가 차량이 뉴스에 나올 것이다.

그러나 휴가가 있어도 떠나지 못하는 사람도 있다. 앞의 조사 결과
에 따르면 여름휴가 기간 동안 여행 등 특별한 계획이 없는 이들도 거
의 절반에 달했다. 그들이 휴가 계획을 정하지 않은 이유는 여가 시간
및 마음의 여유 부족(76.1%), 건강상의 이유(15.3%), 여행 비용 부족
(12.1%), 돌봐야 할 가족(5.2%) 때문이었다. 시간의 여유도 마음의 여
유도 없어서 휴가를 포기하는 사람이 세 명 중 한 명은 되는 셈이다.
이 결과를 보고 2002년 전파를 탄 후 지금도 인용되고 있는 현대카드
의 TVCM의 "열심히 일한 당신 떠나라"라는 카피가 떠올랐다. 열심히
공부하고 열심히 살림하고 열심히 출근하고 열심히 1년의 반을 달려

어드벤처 해먹, 달로 가는 티켓 캠페인, '해변의 달' 편, 인쇄광고, 2017

어드벤처 해먹, 달로 가는 티켓 캠페인, '사막의 달' 편, 인쇄광고, 2017

온 사람들이 잠시라도 그 '열심'을 떠나 게으른 며칠을 보낼 수 있었으면 좋겠다고 생각했다.

며칠 전, 여고 동창들과 2박 3일 일정으로 강릉에 다녀왔다. 고등학교 2학년 설악산 수학여행 이후 거의 40여 년 만에 함께한 강원도 나들이였다. 강릉역에 마중 나온 후배의 차에 타는 순간 나훈아의 〈공〉(空)이라는 노래가 흘러나왔다. 선배의 나들이를 환영하는 웰컴 송으로 심혈을 기울여 선곡했다는 후배의 설명이었다. 난데없는 트로트 세례에 우리들은 폭소를 터뜨렸다. 하지만 곧 웃음을 그치고 무릎을 치며 가사에 공감했다. 나훈아는 특유의 구성진 목소리로 읊조렸다. "살다 보면 알게 돼, 일러 주지 않아도. 우리 모두 얼마나 바보처럼 사는지. 잠시 왔다가는 인생, 잠시 머물다 갈 세상. 백 년도 힘든 것을 천 년을 살 것처럼…."

그렇다. 굳이 아비오네로의 광고를 보지 않더라고, 나훈아 노래의 가사를 듣지 못했더라도, 나는 이미 알고 있다. 지금 나는 기적 같은 우연으로 지구라는 작은 별에 잠시 머물고 있다는 것을. 지구 반대편이 궁금하면 미루지 말고 당장 떠나야 한다는 것을. 시간은 기다려주지 않고 나는 날마다 무럭무럭 늙고 있다는 것을!

여름은 짧다. 망설이지 말고 여름 속으로 성큼 한 걸음 내디뎌야겠다. 비행기 티켓이 없어도 갈 수 있는 곳에 해먹을 걸고 한없이 게으르게 구름을 보고 나무를 보고 새와 바람 소리를 들어야겠다. 가버린 지난날에 대한 미련은 거두고, 오지 않은 미래일랑 내일에 맡기고! 바로 지금 현재를 충실하게 살아야겠다.

어드벤처 해먹, 달로 가는 티켓 캠페인, '협곡의 달' 편, 인쇄광고, 2017

어드벤처 해먹, 달로 가는 티켓 캠페인, '대초원의 달' 편, 인쇄광고, 2017

09

이 여름, '시간을 달리는 남자'에게
배달시키고 싶은 것

집을 나서기 전에 크게 심호흡을 했다. 창밖의 쨍한 하늘과 쏟아지는 햇살은 111년 기상청 관측 이래 최고로 뜨거운 날씨를 예고하고 있었다. 아니나 다를까 현관문을 열자 찜질방에 들어선 듯한 열기가 훅 끼친다. 양산을 받쳐 들고 걸었다. 보도블록에 전기장판을 깔아 놓은 뒤 온도를 최고로 올려놓은 것 같다. 혹시 상상력이 더위를 이길 수 있을까 하는 기대로 잠깐 지금이 한겨울이라고 생각해 봤다. 옷깃을 아무리 여며도 파고드는 한기를 막을 수 없어 잔뜩 웅크리고 걷는 나. 마른 잎 한 장 달려 있지 않은 앙상한 나뭇가지들. 얼어붙은 빙판길에 행여 미끄러질까 조심스러운 발걸음. 찌푸린 하늘에서 팔랑팔랑 떨어지는 눈송이…. 그렇게 추운 겨울날 도로가 오늘처럼 따뜻하다면 얼마나 좋을까? 그러나 내 빈약한 상상은 단 1분의 시원함도 가져오지 못하고 실패로 끝났다.

커다란 택배트럭 두 대가 지나쳐 간다. 차에서 핫팩을 껴안은 것 같은 뜨거운 기운이 뿜어져 나온다. 트럭은 내가 사는 아파트 앞에 멈추고 택배기사가 택배를 내린다. 내가 어제 주문한 물건을 싣고 왔을지도 모르겠다. 양산을 쓰고도 땀이 뚝뚝 떨어지는데 택배기사분들은 얼마나 더

울까? 택배기사도 야외의 주차관리요원이나 불 옆에서 일하는 요리사, 소방관이나 산악구조대원 못지않은 한여름의 극한 직업임에 틀림없다.

지난 6월 전파를 탄 G마켓의 영상캠페인을 한 번 보자. 영상은 하루 13시간 이상을 일하는 택배기사를 따라가며 그의 일상을 과장 없이 보여준다. 배달할 짐을 들고 이어폰으로 통화를 하며 뛰는 남자. 아슬아슬하게 길을 건너고, 온몸을 가리는 큰 짐을 세 개씩 쌓아서 들고 가는 남자. 전기요금이 많이 나오니 승강기를 이용하지 말고 계단을 이용하라는 안내문에 2리터들이 생수병 12개를 등에 지고 계단을 오르는 남자. 트럭 안에서 김밥을 먹으려다가 걸려오는 전화에 도로 내려놓는 남자. 매일같이 우리 동네에 찾아오는 택배기사가 영상 속에 있다.

택배기사의 분주하고 힘겨운 노동 뒤에 택배를 받는 고객들이 보낸 감사의 메시지가 이어진다.

"더운데 고생 많으세요. 늘 고맙습니다"
"행복하세요, 기사님"
"기사님, 저희 동네 오래오래 맡아 주세요"
"바쁘시더라도 식사는 거르지 마시길…"

이런 메시지들은 실제 택배를 받은 고객이 작성해서 온라인으로 보낸 것들이다. 무인택배함에도 택배기사의 끼니를 걱정하고 감사를 전하는 메시지가 적혀 있다. 고객의 응원 메시지에 땀범벅이 된 택배기사의 얼굴에 환한 미소가 번진다. 택배기사는 고객의 신청을 통해 배달된 쿠폰을 근처 편의점에서 도시락으로 바꿔 먹는다. 약 1분 40초 길이로 제작된 이 영상은 G마켓이 최근 진행한 '스마일 도시락' 캠페인을 홍

G마켓, 스마일 도시락 캠페인, 온라인광고, 2018

Na.

/

시간을 달리는 남자

택배기사님은 하루 평균 13시간 이상 일합니다.

매일 300개의 택배를 전달하기 위해

98km를 이동하고 200통의 전화를 받으며 고객들을 만나죠.

늘 시간에 쫓겨 하루 두 끼를 단 15분 만에 해결해야 하는 택배기사님.

그래도 힘을 낼 수 있는 건 따뜻한 고객의 한마디 덕분입니다.

이제 고객의 응원을 G마켓이 응원합니다.

"택배기사님, 스마일 도시락 드세요."

G마켓에 응원메시지를 남겨 주세요.

응원메시지는 택배기사님의 든든한 도시락이 됩니다.

택배기사님, 고맙습니다.

보하기 위해 제작된 인터넷 광고다. 대행사인 제일기획의 소개에 따르면 '스마일 도시락' 캠페인은 고객이 특정 택배기사를 응원하는 메시지를 온라인으로 작성해서 전송하는 고객 참여형 캠페인이다. G마켓은 고객이 보낸 메시지에 편의점 도시락 모바일 상품권을 더해 택배기사에게 선물한다. 이 영상은 유튜브 공개 한 달 만에 조회수 1,100만 건을 넘기며 많은 호응을 얻었다.

G마켓은 2014년과 2015년에도 택배기사에게 실질적인 혜택을 주는 이벤트를 진행하고 그 내용을 광고 영상으로 만들어 홍보에 활용했다. 2014년에 진행된 '택배기사님, 택배 왔어요' 이벤트는 추석 직전에 진행되었다. G마켓은 택배기사에게 깜짝 선물을 주기 위해 전국의 몇 지역을 뽑아 택배를 발송했다. 그리고 그 택배가 도착하는 곳에 미리 가서 기다리고 있다가 택배기사가 차에서 내려 배달하러 간 사이에, 택배트럭에 커다란 초록색 리본을 달아 두었다. 차량으로 돌아온 택배기사가 리본을 보고 어리둥절해하는데, 숨어 있던 이벤트 진행요원들이 깜짝 등장해 코믹한 응원 댄스를 선보이고 선물을 전달했다. 택배기사들은 갑작스러운 이벤트에 쑥스러워하기도 하고 함께 춤을 추기도 했다. 보면서 저절로 미소를 짓게 되는 흐뭇한 풍경이다.

이 영상을 보기 전에는 택배를 가져다주는 분이 택배를 받는 사람이기도 하다는 사실을 생각해본 적이 없다. 명절이면 하루에도 수백 개가 넘는 선물상자를 나르는 분들이야말로 선물을 받아 마땅하다는 생각을 해본 적도 없다. 광고 카피를 자세히 보면 2014년에 하루 200개이던 배송 물량이 4년 사이에 300개로 늘었다. 그러니 택배기사의 노동 시간도 따라서 늘어났을 것이다. 오전에 주문하면 오후에 도착하

G마켓, '택배기사님, 택배 왔어요' 편, 온라인광고, 2014

Na.

/

오늘도 쉴 틈 없이 계단을 뛰어오르고 복잡한 골목을 누빕니다.

하루 평균 200개가 넘는 상자들, 그 상자에 담긴 마음을 전해 주시느라

이른 새벽부터 늦은 밤까지 택배기사님들의 마음은 바쁘기만 합니다.

추석이 다가오면 평소보다 불어난 배송 물량 때문에 바쁘게 달리시는 그분들께

G마켓이 감사의 마음을 미리 전하기로 했습니다.

아이디어를 짜고 회의를 하고 미리 선물도 준비하고 우리가 준비한

장소로 기사님들을 모시기 위한 택배도 미리 보냈습니다.

드디어 추석 3주 전!

"택배기사님, 택배 왔어요!"

고맙다는 한 분 한 분의 이야기, 사실 우리가 드리고 싶었던 말입니다.

택배기사님, 언제나 고맙습니다. 여러분이 계시기에 G마켓이 있습니다.

앞으로도 잘 부탁드립니다.

자막

/

전국 4만 5천 명의 택배기사님이 일 년 동안 15억 개의 택배를 전해 주십니다.

우리의 따뜻한 한마디로 택배기사님들께 힘을 드리는 건 어떨까요?

고, 밤 11시에 주문하면 다음 날 새벽에 도착하는 편리한 택배서비스를 당연하다고 여기는 것이 잘못은 아닐까 자문하게 된다.

내가 주문한 택배를 무인택배함에 두고 간다는 문자가 왔다. 택배기사의 휴대폰으로 보낸 문자이다. "고맙습니다"라고 답을 보냈다. 시원한 얼음물이라도 대접하고 싶지만 대개는 무인함으로 택배를 받게 되니 마음뿐이다. 고마운 진심이 조금이라도 전해졌을까?

조금 전보다 온도가 한 칸 더 올라간 전기장판 길을 걸으며 다시 실현 불가능한 상상의 날개를 편다. 지금의 열기를 상자에 담아 내년 소한에 맞추어 택배로 보내는 거다. 한파경보가 발령되고 체감 온도가 영하 17도인 어느 날, 더위가 가득 들어 있는 그 택배상자를 풀어 그 온기로 겨울을 따뜻하게 덥히는 거다. 그리고 내년 한파가 오면 잊지 말고 얼음장 같은 추위를 택배상자에 담아 폭염의 8월로 보내야지. 내년 여름의 더위를 시원하게 식힐 수 있도록! 고객을 위해 하루 13시간이나 일하는 대한민국의 택배기사님이라면 무엇이든 빠르고 안전하게 잘 배달해줄 것이 틀림없으니 말이다.

택배기사님도 택배를 받는 우리도 모두 재난 수준의 무더위를 잘 견디고 건강하게 가을을 맞이했으면 좋겠다. 지금 이 순간에도 여름이 지나가고 있고, 어디선가 찬바람이 틀림없이 다가오고 있으니까!

/

가을

/

01

센티해져도 괜찮아요,
가을이잖아요

반가운 비를 만난 곳은 늦은 휴가차 잠시 머문 평창에서였다. 바람이 나뭇잎을 흔들었다. 멀리 보이는 숲에서는 안개인지 구름인지 모를 흰 연기가 피어올랐다. 베란다 문을 활짝 열고 비와 바람을 안으로 들였다. 바닥이 젖는 것쯤은 아무래도 좋았다. 땅에 닿는 빗방울 소리가 누군가의 발자국 소리처럼 들렸다. 도시에서는 들리지 않던 소리였다. 차르르 차르르, 이파리들의 아우성이 귀를 가득 채웠다. 알아들을 수 없는 언어로 비밀을 속삭이는 것 같았다.

찜통 같았던 여름날이 꿈인 양 아득하게 느껴졌다. 더웠던 만큼 늙었고, 여러 일에 분노했던 만큼 상했을 터인데 앓지도 않고 멀쩡히 가을을 맞았다. 내 생에 두 번 다시 없을 가을이다, 축배를 들 일이다. 비가 그칠까 봐 서둘러 잔에 술을 채웠다. 제법 멋진 분위기가 났다.

스무 살 적 내 장래희망은 '근사한 어른'이 되는 것이었다. 그래서 빨리 마흔이 되고 싶었다. 마흔이 되면 저절로 근사한 어른이 되는 줄 알았다. 내일 무슨 일이 일어날지 걱정하지 않고, 어떤 일이 일어나든 답을 알고 있는 어른. 얇은 지갑 걱정 없이 책을 사고, 밥을 먹고, 후배에게 한턱 쏠 수 있는 어른. 한 가지 일을 오래 했기 때문이 아니라, 남과 다른 통찰이 있어서 전문가로 불리는 어른. 대접 받지 못해도 내가 해온 일들로 인해 스스로 뿌듯한 어른. 서툴고 뜨겁고 애틋한 모든 사랑을 경험한 뒤 더는 사랑에 흔들리지 않는 어른. 무엇이 옳고 그른 일인지 알고 옳은 일을 하는 데 겁먹지 않는 어른….

나는 왜 '근사한 어른' 따위를 장래희망으로 삼았을까? 애매하고 감상적이고 실체도 없는 장래희망이라니, 오십이 넘은 지금 돌이켜 보니 한심하기 그지없다. 아버지는 돌도 되기 전에 내 이름을 새긴 빨간 뿔도장을 파주셨다. 그때 아빠는 내가 무엇이 되기를 바라셨을까? 빗소리를 배경음악 삼아 술잔을 기울이며 50여 년 전 아빠의 바람을 더듬다 보니 일본 위스키 산토리 올드의 탄생 50주년 기념광고가 생각났다. TVCM은 한 남자가 50세 생일에 우연히 들어간 술집에서 50년 전의 자기 아버지를 만나 대화를 나누는 상황이다. 현재와 과거를 넘나드는 상황에 맞게 광고의 제목이 타임 슬립(Time slip)이다.

남자 1   그 이상한 바를 발견한 건 내 50살 생일날이었다.

         (오래된 노래가 흐르는 바에 들어가 인사한다.)

         안녕하세요? 오랜만에 듣는 노래군요.

바텐더   에? 신곡이에요!

남자 2   (기쁘게 뛰어 들어오며) 드디어 낳았어요! 사내 아이예요!

남자 1   (혼잣말로) 아버지다, 젊은 시절의 우리 아버지잖아!

         (달력을 보며) 내가 태어난 날이다.

남자 2   (남자 1에게) 같이 한잔합시다.

         반드시 큰 인물이 될 겁니다, 내 아들은.

남자 1   (어색한 표정으로 고개를 돌리고 잔을 들어 한 모금 마신다.)

산토리 위스키, 올드, 50주년기념 TVCM, 2000

남자 2 뭐가 되든 상관 없어요. 단지….

남자 1 단지?

남자 2 언젠가 둘이서 한잔하고 싶습니다.

　　　　남자 대 남자로.

　　　　제가 한잔 사겠습니다.

　　　　이 술도 올해 태어났죠.

　　　　자, 아들을 위해 건배!

남자 1 아버지를 위해!

자막　　1950부터

남자 1 아버지와 나의 산토리 올드,

　　　　쉰 살이 되었습니다.

광고 안에서 술은 드라마가 되고, 카피는 시가 되었다. 영상 속에서 50살 중년이 된 아들과 아들보다 훨씬 젊은 나이의 아버지가 나란히 앉은 등이 보인다. 아들이 큰 인물이 되는 것도 좋지만 언젠가 둘이 동등한 남자로 마주 앉아 술 한잔하기를 바라는, 방금 아빠가 된 남자의 소박한 소망이 진하게 마음을 울린다.

내가 태어났을 때 우리 아빠도 술을 한잔하셨을까? 아버지는, 내가 오십이 되어 함께 술잔을 나눌 기회도 주지 않고 일찍 돌아가셨다. 상념이 계속되는 동안 어느새 사위는 어둑어둑, 저녁의 냄새가 밀려들었다. 흙과 풀이 뿜어내는 거칠고 신선한 냄새였다. '이제라도 새로운 장래희망을 만들어 볼까?' 하는 느긋한 마음이 들었다. 꿈꾸었으나 이루지 못한 장래희망과 아이디어가 있었지만 만들지 못한 광고들이 비 오는 가을 저녁의 짭짤한 안주가 되었다.

02

그런 사연 없어요!

카메라는 창밖에서 얼굴을 두 손으로 감싸고 있는 한 여자를 비추고 있다. 소리는 들리지 않지만 울고 있는 것처럼 보인다. 화면 아래 "한부모 가족"이라는 자막이 떠있다. 싱글맘이 울고 있다는 짐작을 하게 한다. 카메라가 창문 안으로 들어가니 여자는 얼굴을 가렸던 손을 떼며 아기에게 '까꿍' 하고 장난을 친다. 엄마의 장난에 아기가 까르르 웃는다.

다음 장면에는 베트남 출신으로 보이는 여자가 찡그리고 있다. 어딘가 불편해 보인다. 화면 하단의 자막은 "다문화 가족". 카메라가 빠져 보니 여자의 양 옆에서 남편과 아이가 안마를 하고 있다. 몸이 쑤시는 아내와 엄마를 위한 서비스다.

이어지는 화면에는 험상궂은 표정의 할머니와 할아버지가 등장한다. "조손 가족"이라는 자막이 같이 뜬다. 자막 때문인지 노부부의 얼굴이 힘들어 보인다. 그런데 바로 옆에 할머니, 할아버지와 셀카를 찍기 위해 휴대폰을 들고 활짝 웃는 손녀가 보인다. 노부부는 손녀를 위해 일부러 재미있는 표정을 지은 것이다.

자막　한부모 가족 이수정 씨
노래　슬플 거라 생각 말아요.
　　　그런 사연 없어요.

자막　다문화 가족 따오 씨
노래　불편할 거라 생각 말아요.
　　　그런 사연 없어요.

자막　조손 가족 박귀남 씨
노래　힘들 거라 생각 말아요.
　　　그런 사연 없어요.
　　　사랑하고 존중하는 우리는
　　　오늘도 행복해요.

박칼린　다양한 가족의 모습을 존중할 때
　　　　행복이 더해집니다.

자막　한부모 양육비 상담
　　　1644-6621

공익광고협의회, '모든 가족: 사랑과 존중' 편,
TVCM, 2017

영상이 보이는 동안 CM송이 흐르는데 "그런 사연 없어요"라는 가사가 반복해서 들린다. 우리 곁에 있는 다양한 형태의 가족을 존중하자는 주제로 2017년 5월 전파를 탄 공익광고의 내용이다.

광고는 한부모 가족이니 슬프고, 다문화 가족이라서 불편하고, 조손 가족은 힘들 것이라는 고정관념을 가볍게 꼬집는다. 저런 가정에는 뭔가 불행한 사연이 당연히 있을 것 같다는 편견을 부끄럽게 만든다. 광고의 마지막에 등장하는 모델은 한국인 아버지와 리투아니아계 미국인 어머니를 둔 음악감독 박칼린이다. 그녀도 한국에서 학교를 다녔다면 다문화 가족의 아이라고 놀림을 받았을지 모르겠다. 광고 내용에 꼭 맞는 모델 캐스팅이라는 생각이 든다.

지금 우리나라의 가족 형태는 급격한 변화를 겪고 있다. 흔히 우리가 '가족'이라고 할 때 떠올리는 4인 가구는 2017년 기준 전체 인구의 17.7%에 불과하다. 반면에 가족원 수가 1명인 경우는 28.6%, 2명인 경우는 26.7%다. 1~2인 가구가 차지하는 비중이 55.3%에 이르는 것이다.* 한부모 가족, 조손 가족, 다문화 가족도 늘어나고 있어서 2018년 다문화 학생의 수는 전년보다 11.7% 증가한 12만 2,212명에 이르고 있다.** 장애인 가족이나 성소수자가 꾸린 가족, 비혼이나 졸혼을 선택한 가족도 우리 곁에 존재한다. 숫자로만 보면 막연히 가장 많을 것이라고 여겼던 4인 가족의 비중이 오히려 소수에 불과하다.

---

* http://kostat.go.kr/portal/korea/kor_nw/1/10/1/index.board?bmode=read&aSeq=370326(통계청 홈페이지)
** http://kostat.go.kr/wnsearch/search.jsp(통계청 홈페이지)

나 또한 다른 형태의 가족을 이루고 사는 이들을 보며 편견이 섞인 시선을 보내곤 했다. 마흔이 넘도록 결혼하지 않은 사람을 보면 무슨 문제가 있을 것이라고 오해했고, 결혼하고 10년이 지나도록 아이가 없는 부부를 보면 쓸쓸하겠다고 넘겨짚었다.

모든 가족에게는 자신이 겪은 만큼의 기쁘고 행복한 사연이 있고, 슬프고 힘들고 어려운 사연도 있다. 다문화 가족이라고 해서 더 슬프거나, 조손 가족이라서 더 힘든 게 아니다. 내게 제일 힘든 사연은 우리 집의 사연이고, 내게 가장 슬픈 사연도 우리 집의 그것이다. 잘 알지도 못하면서 남의 집 사연을 비극으로 상상하지 말고, 내 집의 사연에 집중하자. 다른 가족을 향한 삐딱한 시선을 거두고 내 집의 슬픔을 더 깊이 토닥이고 내 집의 기쁨을 더 많이 만끽하자.

03

되갚아줄 거야!

2018학년도 대학수학능력시험이 치러진 지난주 목요일, 아침 최저 기온은 평년보다 1~4도가량 낮았고 지역에 따라 눈발이 날리는 곳도 있었다. 그날 내가 접하는 SNS에는 수능 도시락 메뉴나 아이를 들여보내고 찍은 시험장 교문 사진이 많이 올라왔다. 사진으로 보는 수능 시험장은 하늘마저 새파랗게 추웠다.

조금 감상적인 마음이 되어 아득하게 느껴지는 나의 대입 시험을 검색해 봤다. 1983년도에 입학한 대학 신입생들은 1982년 12월 2일 목요일에 대학입학학력고사를 쳤다. 아침 8시 40분까지 고사장 입실, 9시에 시험이 시작됐고, 오후 4시 50분에 4교시의 시험이 모두 끝났다. 입시 한파 없는 포근한 영상의 날씨였는데도, 낯선 학교에서 낯선 아이들 틈에 앉아 시험을 보려니 온몸이 떨리도록 추웠다.

시험을 끝내고 어둑어둑한 길을 걸어 집으로 돌아오는데 내가 다른 사람이 된 것 같은 느낌이 들었다. 하루 15시간을 60명이 빽빽한 교실에 유배당했던 고3의 1년이, 하루의 시험으로 모두 증발해 버린 듯한 허전함도 밀려왔다. 과연 내 인생은 어디로 가야 하나, 누가 정해 주면 좋겠다는 생각을 했던 것도 같다. 사랑의 쓴맛 한번 본 적 없고 세상 험한 꼴 한번 본 적 없는 보들보들한 눈동자가 흔들렸다. 교복 아닌 사복을 입고는 집 밖으로 나가지도 못했던 야들야들한 마음이 막막해졌다. 그때 나는 시험 문제의 답을 맞히는 것 말고는 할 줄 아는 게 아무것도 없는 열아홉이었다.

요즘 수험생의 일상을 현실감 있게 보여 주는 광고가 있다. 3년 전 전파를 탄 어학원 광고인데, 까칠한 수험생과 그의 눈치를 보며 전전긍긍하는 부모와 선생님이 등장한다.

S.E   (새벽 6시, 알람 소리) 삐비비빅! 삐비비빅!
엄마   다영아, 일어나자. 학교 가야지.
다영   조금만 더….
엄마   빨리 일어나야지, 응? 늦어, 얼른 씻고 가야지.
다영   (급하게 나가며) 깨워 달라고 했잖아.
엄마   (주스를 들고 따라가며) 이거라도 먹고 가, 이거라도.
다영   (현관문을 쾅 닫는다) 안 먹어!
선생님   잠이 와? 응? 지금 잠이 오냐고?
         (어깨를 두드리며) 잘하자, 응?
아빠   공부는 잘되냐?
다영   (창밖을 보며) 아, 몰라.
아빠   힘든 건 없고?
다영   (성의 없는 대답) 없어.
다영 O.V 되갚아줄 거야.
         엄마도, 선생님도, 아빠도….
         되갚아줄 거야….
         고3이라는 이유로 내가 받은 사랑, 응원, 지지.
         우리가 받은 만큼 똑같이 보답해 드리자!

파고다교육그룹, 수능 캠페인, 영상광고, 2014

영상의 앞부분에서는 공부에 찌들어 뾰족하게 날이 선 아이가 시험이 끝나면 '되갚아 주겠다'고 복수(?)를 다짐한다. 내 자식들도 저랬을 것 같다. 엄마와 아빠는 수험생 딸에게 공부 잘하고 있느냐는 질문 한마디 제대로 못하고 쩔쩔맨다. 하루에도 몇 번씩 '고3이 무슨 벼슬이야?' 하고 소리 지르고 싶은 것을 꾹 참고 나도 그랬다.

영상은 수능 당일 시험을 끝낸 수험생의 인터뷰로 이어진다. 먼저 아이들에게 물었다.

수능을 마치고 가장 후회되는 것이 무엇인가요?
"그냥 아무 이유 없이 화내고…."
"제가 (점수가) 더 떨어지니까 막 부모님 탓으로 돌리고
학원 안 보내 줬다고 (원망)하고…."
"괜히 서운하면 성질내고…."
"고등학교 3학년이라는 상황 때문에 다 받아줄 수 있겠지. 그런 생각을 한 것 같아요."

미안하다거나 사랑한다고 말했나요?
"아니오, 안 해요."
"아니오."
"그런 말 잘…. 부모님한테는 못 하겠어요."
"한 번도 해본 적 없어요."

가장 사랑하는 사람에게….
"나보다 더 힘들었던 것 같고…."
"어머니 기대에 부응할 만큼…."
"투정 다 받아 주셔서 감사해요."
"그래도 엄마가 나 많이 걱정하는 거 아니까 괜찮아."
"엄마, 사랑해요."
"사랑합니다, 어머니."

아이들은 카메라를 보며 눈물을 흘렸다. 사랑한다는 쑥스러운 고백도 잊지 않았다. 광고는 수험생의 부모님을 인터뷰하는 것도 잊지 않았다. 엄마들은 아이가 알아서 해준 것이 고맙고 공부하느라 애쓴 것이 안쓰럽다고 이야기한다. 그리고 아이가 인터뷰하는 장소에 불쑥 찾아오고, 수험생과 부모는 눈물과 웃음을 동시에 터뜨리며 서로를 포옹한다.

몰래 카메라 형식의 동영상이 흔해져서 감동이 덜하고, 수험 생활 동안 받은 사랑에 똑같이 보답하자는 반전으로 끝을 맺는 것이 너무 뻔한 효녀 심청의 얘기라서 식상한 감도 있다. 하지만 사심 가득한 엄마인 나는 내 아이들도 저러면 얼마나 좋을까, 괜히 눈가가 뜨거워지고 은근히 부럽다.

광고를 보고 고개를 끄덕이긴 했지만, 내 속마음으로는 수능을 끝낸 아이들이 어른들에게 은혜를 갚기 전에 수능 때문에 스스로의 청춘에게 져야 했던 빚을 먼저 되갚았으면 좋겠다. 좁은 교실, 불편한 의자에 숨겨 두었던 '웃기'나 '움직이기'를 되찾아 왔으면 좋겠다. 시험에 밀려 포기했던 '나가 놀기'나 '아무것도 안 하기'도 해봤으면 좋겠다. 자의 반 타의 반 배제되었던 '설거지'나 '쓰레기 분리수거'에도 동참했으면 한다. 고3이나 수험생이 아닌 그냥 '열아홉 살'로 사는 자유를 스스로에게 되돌려 주었으면 좋겠다. 어른에게 받은 사랑에 보답하는 것, 그건 나중으로 미뤄도 된다. 아니, 안 해도 된다. 자라서 부모가 되면 저절로 자기 자식에게 더 큰 사랑을 주게 될 테니까. 단 한 번뿐인 열아홉 살의 남은 날들을 공부가 아닌 다른 것을 두리번거리며 교실 밖에서 행복하게 보냈으면 좋겠다.

04

저 사람도, 한잔해 보면
좋은 사람일지도….

국세청에 따르면 2016년 우리나라 국민 1인당 연간 알코올 소비량은 8.7ℓ에 달했다. 이는 소주로 115병(360㎖, 21도 기준), 맥주로는 348캔(500㎖, 5도 기준)에 해당하는 양이라고 한다. 2015년 세계보건기구(WHO) 조사에 따르면 우리나라 사람들은 연간 1인당 술 12.3ℓ를 소비해서 세계 평균인 6.2ℓ의 약 두 배에 달하는 양을 마셨다. 내가 가장 애정하는 와인으로 계산해 보면 1년에 열여섯 병이 조금 넘는 양이다. 굳이 계산기를 들지 않아도 나의 음주량은 평균보다 월등히 많아 살짝 켕기는 마음이 든다. 하지만 더위가 한풀 꺾이고 빗소리가 종일 창문을 두드리는 오늘 같은 날, 술 한잔의 유혹을 매정하게 뿌리칠 수는 없는 일이다.

최근 몇 년 사이에 일어난 특이한 현상은 가정에서 주류를 구입하는 금액을 의미하는 '1인당 월평균 주류 소비지출'이 2013년 10,800원에서 2016년 12,300원으로 계속 늘어났고, 술을 전문적으로 판매하는 주점업의 서비스업 생산지수는 2010년 100에서 2016년 78.8로 줄어든 것이다. 밖에서 술을 마시는 사람은 줄고, 술을 사다가 집에서 마시

는 사람이 듣고 있다는 뜻이다. 나 또한 세일을 많이 하는 저렴한 가격
의 와인을 마트에서 구입해 집에서 마시는 경우가 잦다. 트렌드에 맞추
어 평균적인 대한민국 소비자의 역할을 충실히 하고 있는 것 같아 보
람찬 마음이다.

술을 좋아하는 사람에게 술 권하는 일이야 하늘의 별처럼 많지만, 그
중 압권은 일본 산토리 위스키의 광고들이다. 장삿속이라는 것을 뻔히
알고 보는데도 광고가 꼬드기는 술 한잔을 거부하기 어렵게 만든다.
"맞아!" 하고 무릎을 치게 해서 술맛을 돋우는 광고가 수두룩하다. 산
토리 위스키 제품 중 하나인 히비키의 신문광고를 살펴보자. 우주에
떠있는 토성의 예쁜 고리를 술집 카운터로 삼아 사람들이 술을 마시
고 있다. 두 사람 혹은 세 사람이 일행처럼 보인다. 그 위에 쓰인 카피
가 술꾼의 감성을 자극한다.

별의 수만큼 사람이 있어. 오늘은 당신과 마시고 있다.

산토리 위스키, 히비키, 신문광고, 2006

대학 새내기 시절 머뭇머뭇 소주잔을 혀끝에 대고 할짝거리던 때로부터 지금까지, 참 많은 사람과 술자리를 함께했다. 처음 만난 어색함을 없애기 위해 술잔을 나누었고, 더 친해지기 위해 술집으로 향하기도 했다. 기쁜 일을 축하하기 위해, 슬픈 일을 위로하기 위해, 때로는 취중진담을 하기 위해 술을 마셨다. 요사이는 대부분 기막히게 맛있는 음식을 그냥 먹을 수 없다는 핑계로 반주를 곁들인다.

같이 술잔을 기울이다 보면 상대방의 새로운 모습이 눈에 들어온다. 몰랐던 부분을 알게 되기도 한다. 심지어 싫었던 사람의 다른 면을 발견하고 그를 좋아하게 되기도 한다. 모두 술 한잔이 부리는 마술이다. 산토리 위스키는 이 순간을 놓치지 않고 광고로 만들었다. 같이 술 마시기에 부담스러워 보이는 모델의 얼굴 위에 쓰인 카피는 평소에 별로라고 생각하는 사람이라도 편견을 버리고 '술 한잔해 볼까?' 하는 생각이 들게 하기에 충분하다.

저 사람도, 한잔해 보면
좋은 사람일지도…

좋은 사람이라고 생각하고 마시면,
좋은 사람이기 때문에 놀라지 않아.
'좀…. 그래'라고 생각하고 마셨는데,
좋은 사람이라면 기쁘지.
세상엔 그런 일이 꽤 있는 것 같아.

"누군가가 누군가와" 위스키 선물

산토리 위스키, 창립 100주년 기념, 신문광고, 1999

술이 부리는 마술을 모르는 사람은 끝나 있는 카피, 술의 긍정적인 측면을 이해하고 아는 사람이 애정으로 써내려간 카피다. 검색해 보니 일본에서 가장 유명한 여성 카피라이터 코지마 레이코(兒島令子)가 쓴 카피이다. 1956년생, 환갑의 나이인데 아직도 프리랜서로 활동하고 있다니 50세가 되기 전에 벌써 퇴물 취급을 받는 우리 광고계의 열악한 환경을 생각하면 부러운 마음이 든다.

100년을 훌쩍 넘긴 역사를 가진 산토리에는 원시 시대처럼 아득하게 느껴지는 1970~1980년대에 만들어진 광고도 많다. 풋내기 카피라이터 시절에는 산토리 위스키의 카피를 보며 나도 이렇게 멋진 광고를 만들겠다는 설레는 꿈을 키우기도 했다. 1988년 일본 ACC(전일본광고협의회) 라디오광고 부분 대상 수상작인 산토리 각병(角瓶)의 150초짜리 라디오광고의 카피를 봤을 때도 그랬다. 라디오광고는 절대로 20초보다 길게도 또 짧게도 만들 수 없었던 우리나라와 비교했을 때, 1분 30초라는 길이가 우선 신기하고 부러웠다. 또 그들에게 어쩌면 터부일지도 모르는 패전의 경험을 소재로 삼은 점이 놀라웠다.

Na.   뉴욕의 52번가 21번지에는 오래되고 허름한 클럽이 하나 있다.
      이 클럽의 바, 헨리 폰다의 스페셜 위스키 병 옆에는
      50년 가까이 지난 라벨이 붙어 있는 산토리 각병이 놓여 있다.
      반쯤 남은,
      무슨 이유에선지 붉은 양초로 봉인되어 있는 산토리 각병.
      이 위스키는 벌써 몇십 년간 누군가를 기다리고 있다.

바텐더 (영어로 속삭이듯) It was before the war…
      그 큰 전쟁 전에 있었던 일이죠.
      일본의 외교관이나 특파원이 모두 귀환하기 시작한 불온한 밤,

두 명의 일본인이 미국인 친구와 이 위스키를 마셨습니다.

하지만 우리가 맡아둔 것은…

우리가 맡아둔 것은 마시다 남긴 위스키가 아니라

하나의 확실한 약속입니다.

이 전쟁이 끝나면 다시 한 번 악수를 하자.

다시 한 번 같이 마시자.

신사와 신사의 약속을 우리는 맡아둔 것입니다.

Na. 뉴욕의 52번가에는

각병 하나가 벌써 몇십 년간 누군가를 기다리고 있다.

S.E (얼음 넣는 소리)

Na. 산토리 각병.

산토리 위스키, 각병, 라디오CM, 1988

카피를 읽으면 아득하게 잊고 지내던 많은 것들이 울컥 그리워진다. 지키지 못한 약속, 오랫동안 잊고 살아온 친구, 한때 전부였던 얼굴들이 어딘가 남겨둔 술병 속에 들어 있을 것만 같다. 먼 그때의 술자리에서 나는 때로 심각했고, 때로 기쁨에 넘쳤고, 때로 감동했다. 별의 숫자만큼이나 많은 사람 중에서 나와 마주 앉아 술을 마신 기막힌 인연을 가졌던 이들은 지금 다들 어디서 무엇을 하고 있을까? 소주가 달기도 하다는 것을 처음 느꼈던 '연희식당', 카카오라는 아기자기한 이름의 칵테일을 마셨던 '부엉이', 아르바이트 하는 친구를 보러 가끔 가던 '레드제플린'…. 나의 청춘과 함께했던 술집은 다 어디로 갔을까? 30년은 커녕 10년 동안 한자리를 지키고 있는 술집도 별로 없으니 맡겨둔 추억을 찾을 길도 영영 없다.

술에는 남자가 있고 여자가 있고 기쁨과 슬픔, 사랑과 미움이 있다. 1974년에 전파를 탄 산토리 올드 광고에 나오는 말이다. 광고 영상은 다

Na. 산토리가 있다.

얼굴이 있다.

남자가 있다.

여자가 있다.

젊은이가 있다.

노인이 있다.

산토리가 있다.

기쁨이 있다.

슬픔이 있다.

사랑이 있다.

미움이 있다.

산토리가 있다.

노래하고 있다.

소리치고 있다.

이야기하고 있다.

침묵하고 있다.

얼굴이 있다.

내일이 있다.

산토리가 있다.

산토리 위스키, 올드, TVCM, 1974

156

양한 사람의 얼굴만 클로즈업하여 보여 주는데 영상 속 남녀노소는 웃기도 하고 울기도 한다. 노래 부르는 얼굴도 있고 말없이 술잔만 입에 가져가는 사람도 있다. 이 광고를 보면 술 안에 사람이 있고 추억이 있고 인간의 모든 희로애락, 인생이 들어 있다고 말할 수도 있을 것 같다.

산토리 위스키의 광고들을 읽다 보면 집 앞에 단골 바가 하나쯤 있었으면 하는 생각이 든다. 퇴근길에 혼자 들러서 칵테일을 한두 잔 청해 마셔도 좋고, 위스키나 코냑을 한 병 맡겨 두고 바텐더를 말 상대 삼아 두어 잔 마셔도 좋겠다. 10년, 20년 내가 나이 드는 만큼 함께 늙어가는 바텐더와 무더웠던 지난 계절을 화제 삼아 살짝 취할 수 있으면 좋겠다. 9월이다, 선선해진 바람을 핑계 삼아 그리웠던 친구들이나 '좋은 사람일지도' 모를 사람을 불러내어 한잔 나누기 딱 좋은, 내 생에 단 한 번뿐일 가을이다!

05

젊어도 봤으니 늙어도 봐야지

하늘이 푸르다. 푸른 하늘에는 구름도 한 점 보이지 않는다. 나뭇잎
위로 햇살이 눈부시게 반짝거린다. 햇살은 더 이상 뜨겁지 않다. 대기
안의 습기도 마른 햇볕에 뽀송뽀송 말랐다. 쏟아지는 햇살 받고 사르
륵 사르륵 벼 익는 소리가 들리는 것 같다. 가을이다!

원래 가을이 이런 것이었나? 나는 가을을 처음 만나는 사람처럼 경이
로운 마음으로 길을 걷는다. 바람이 한 줄기 살랑 불어와 머리칼이 날
린다. 김치찌개 점심을 먹으러 가는 길인데 마치 야외 정원에서 열리는
파티에라도 가는 기분이다. 아무 일도 없는데 날씨만으로도 행복하다.
이제 곧 단풍이 들고 낙엽 지고 추운 겨울이 닥칠 것이다. 그래도 괜찮
다. 뜨거운 여름이 있었고 이렇게 착한 가을을 살았으니 겨울이 와도
견딜 수 있다는 용감한 마음이 든다. 좋은 날 겪었으니 나쁜 날도 겪어
봐야지. 겨우 두어 달 후면 올해는 막을 내리고 한 살 더 늙게 되겠지
만 그래도 괜찮다. 젊어 봤으니 늙어도 봐야지….

작년 연말, 상조회사 '좋은라이프'는 "과거의 기억과 현재의 시간 그

좋은라이프, '문숙' 편, TVCM, 2016

자막 문숙의 엔딩노트

문숙 시간에 반항하지 않을래요.
우아하려고 노력하지도 않고요.
젊어도 봤으니까 늙어도 봐야죠.
수름 하나하나의
아름다움을 알아보고,
주름과 같이 살아가려고요.

Na. 아름다운 이별은 있습니다.
엔딩노트를 쓰세요.
인생을 읽다, 좋은라이프.

자막 당신의 아름다운 엔딩에
좋은라이프가 함께하겠습니다.

리고 사후의 준비"라는 3가지 테마로 구성된 '엔딩노트'를 만들어 고객에게 나눠 주었다. 기억하고 싶은 과거를 적고, 현재 하고 싶은 일도 적고, 유언이나 자산 정리 등을 기록하는 공책이다. 같은 시기에 전파를 탄 좋은라이프의 TVCM '엔딩노트' 편의 주인공은 영화배우 문숙이었다. 예순이 넘었는데도 여전히 아름다운 배우 문숙은 광고 속에서 노란 낙엽이 눈처럼 떨어져 내리는 고즈넉한 한옥의 마당을 걷는다. 시간에 반항하지 않고 주름과 같이 살아가겠다는, 인생과 노화를 대하는 그녀의 마음이 화면 위로 들린다. 그리고 차 한 잔을 옆에 두고 한옥 대청마루에 앉아 그 마음을 공책에 적는다. 낙엽, 펜과 노트, 하얀 김이 피어나는 찻잔 그리고 반백의 머리에 주름진 그녀의 얼굴이 함께 어울려 깊어 가는 가을을 눈부시게 보여 준다. 광고는 낙엽 지면 곧 겨울이 되고, 반백의 머리는 언젠가 모두 세어 죽음이 닥치게 되는 자연의 이치를 담담하게 말하고 있다. 우리는 누구나 소멸을 향해 가지만 죽음은 폐허가 아닌 완성이라는 메시지를 전하는 것 같다.

몇 년 전, 손바닥만 한 노트를 하나 장만해 "욕심공책"이라고 이름을 붙였다. 죽기 전에 하고 싶은 일, 즉 버킷리스트(bucket list)를 적겠다는 생각으로 붙인 이름이었다. 그리스 희곡과 《논어》 읽기, 오페라 관람이 욕심공책의 첫머리에 적혔고, 늦은 퇴근길 어느 호텔 35층 전망 좋은 바에 들러 칵테일 한잔하기, 한 달쯤 아무것도 안 하기도 목록에 들었다. 오일장에서 장 보기, 장 담그기도 욕심나는 일이었고 승마나 수영도 하고픈 일이었다. 열 개 정도 목록을 적다가 흐지부지하고 말았지만, 욕심공책에 하고 싶은 일을 적는 그 순간은 꿈에 부풀어 두근거릴 수 있었다. 내 소원을 적다 보니 남의 버킷리스트도 궁금해져서 한동안 주변의 지인들에게 죽기 전에 하고 싶은 일이 뭔지 자주 묻곤

자막　　박근형의 엔딩노트

박근형　오래된 사진들을 모아
　　　　앨범을 만들자.
　　　　별자리를 공부해
　　　　이름을 불러 보자.
　　　　또 한 번 연극 무대에 서보자.
　　　　늘 미안한 아내와
　　　　둘만의 여행을 떠나자.

Na.　　아름다운 이별은 있습니다.
　　　　엔딩노트를 쓰세요.
　　　　인생을 읽다, 좋은라이프

자막　　당신의 아름다운 엔딩에
　　　　좋은라이프가 함께하겠습니다.

좋은라이프, '박근형' 편, TVCM, 2016

했다. 다른 버전의 좋은라이프 TVCM은 영화배우 박근형의 버킷리스트를 소재로 하고 있다. 광고 속 박근형은 고요한 저녁 호숫가에 앉아 낚싯대를 드리우고 있다. 타닥타닥 소리를 내며 타고 있는 모닥불 위로 커피포트가 매달려 끓고, 텐트에서는 아늑한 불빛이 새어 나온다.

배우로서 평생 수많은 작품의 엔딩을 경험한 박근형은 인생의 엔딩을 생각하는 순간 연극 무대가 떠올랐다고 한다. 연기를 처음 시작한 그곳이 자기 인생의 자리이고, 그곳에서 빛나는 자신을 다시 만난다면 후회가 없겠다고 광고 제작 후 가진 인터뷰에서 밝혔다.

아름답게 반짝이지만 곧 찾아올 황량한 겨울을 향해 가는, 가을의 한 가운데서 다시 생각한다. 나의 자리는 어디인지, 내가 정말 있고 싶은 자리는 어디인지를. 나이는 들었고 몸도 머리도 예전 같지 않은데 과연 나는 내 '엔딩노트'를 잘 적을 수 있을까? 마음은 조급해지고 머리는 복잡해진다. 내게 남은 시간은 충분할까? 내 삶의 엔딩을 맞이할 때 후회할 일은 무엇일까? 영화배우 성동일의 '엔딩노트'를 플레이하며 복잡해지는 상념에 제동을 걸어 본다. 광고에서 성동일은 자신이 예전에 출연했던 작품을 다시 보며 연기는 밥벌이라고, 훗날 밥벌이 열심히 했다는 한마디를 듣고 싶다고 이야기한다. 연기가 밥벌이라니, 예술이네 문화네 하는 소리보다 훨씬 더 진심으로 느껴진다. 그만두고 싶은 순간에도 밥벌이기에 더 열심히, 더 성실하게 했으리라. 밥벌이의 숭고함과 괴로움이 그의 엔딩노트에 고스란히 담겨 있다.

1900년에 40세를 넘지 않던 인간의 기대수명은 100년 만에 두 배 넘게 길어졌다. 거기서 그치지 않고 21세기의 과학계와 자본주의 경제는

자막   성동일의 엔딩노트
성동일 자네가 언젠가 그랬지,
         '연기는 밥벌이'라고.
         훗날 누군가 성동일을
         이야기할 때,
         그놈, 참 밥 한번 열심히
         벌었네….
         이 말 한마디면,
         그러면 되지, 뭐.

Na.   아름다운 이별은 있습니다.
        엔딩노트를 쓰세요.
        인생을 읽다, 좋은라이프

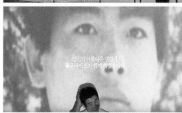

자막   당신의 아름다운 엔딩에
        좋은라이프가 함께하겠습니다.

좋은라이프, '성동일' 편, TVCM, 2016

죽음을 극복할 수 있는 대상으로 보고 '죽음과의 전쟁'에 나시고 있다. 그럼에도 여전히 가까운 이들의 암 발병 소식이나 사망 소식이 드물지 않게 들려온다. 그들의 안타까운 소식은 내게도 '엔딩'은 아주 먼 일이 아님을 깨닫게 한다.

젊어도 봤으니 이제 늙어볼 일만 남았다. 아직은 몸도 마음도 청년에 가깝다고 우기고 싶지만 현실은 어김없이 엔딩을 향해 가고 있다. 기왕이면 남은 날들이 풍성하고 행복했으면 좋겠다. 마지막 순간 '참 잘 놀다 간다' 기쁘게 눈감을 수 있으면 좋겠다. 그러려면 우선 열심히 엔딩노트를 적어야 할 것 같다. 살아온 날을 돌아보고, 죽기 전에 하고 싶은 일도 적고, 내 장례식에 올 친구들에게 할 인사말도 미리 써보는 거다. 던져두었던 욕심공책을 다시 펼치고 지금 당장 하고 싶은 일부터 끄적거린다. 알람 끄고 늦잠 자기, 멍하니 허공 바라보기, 출근 시간에 쫓겨 뛰지 않기, 피크닉바구니에 술과 과일을 담아 소풍 가기, 종일 책 읽고 드라마 보고 음악 들으며 빈둥거리기, 깜깜한 밤하늘에 가득 찬 별 바라보기…

06

11월엔 우리,
옛사랑을 추억할까요?

바람이 자주 불고 은행잎 비가 우수수 내려 어깨를 적신다. 새파랗던 하늘이 무거운 구름에 가려 보이지 않는 날이 잦아졌다. 손가락 사이로 빠져나간 지난 열 달, 300날의 아쉬움이 을씨년스러운 도로를 가득 채운다.

11월, 무엇을 시작하기엔 너무 늦고 무엇을 끝내기엔 너무 이른 달. 새로운 사랑을 시작하기엔 너무 늦었고 식어 버린 사랑을 끝내기에는 좀 미안한 것 같은 달… 그래서 11월은 지나간 사랑을 추억하기에 좋은 달이라고 생각하기로 한다.

지나 버린 사랑은 언제나 아름답다. 후회가 클수록 더 애틋하다. 나 아직 어리던 날 사랑을 잃은 후, 수없이 세웠다가 부수었던 부질없는 가정들이 떠오른다. '그때 거기에 가지 않았다면, 그때 미안하다고 말했다면 별리를 막을 수 있었을까?' 하는 미련들, 돌이킬 수 없는 전화를 걸기 위해 공중전화 부스에 길게 늘어선 줄 맨 끝에 서서 내 차례가 영영 오지 않기를 바라던 순간들…. 추억이 되었기에 서툴던 시도와 아프던 기절미지 모두 그립다.

한 광고에서 망설이다가 사랑을 놓치고 후회하는 젊은이를 보았다. 광고 속의 남자는 차 안에 앉아 머리를 쥐어뜯으며 혼잣말을 한다. 망설이지 말고 더 용기를 냈어야 했다고. 길은 깜깜하고 비는 쏟아지는데, 무정한 와이퍼는 눈물 대신 흐르는 빗물을 쉬지 않고 닦는다. 마침내 남자는 여자가 있는 곳으로 차를 몬다. 빨간 신호등이 길을 막으면 유턴해서 돌아간다. 그리고 그녀가 있는 콘서트 현장에 찾아가 여자의 팔을 낚아채서 빠져나온다. 21세기의 청춘도 실연 후의 마음은 20세기의 나와 비슷해 보여 반가웠다. 2016년 3월에 방송된 현대자동차 투싼의 TVCM이다. 유치하지만 그래서 더 가슴을 파고든다.

2015년 겨울 큰 화제를 불러일으켰던 드라마 〈응답하라 1988〉에서 여주인공 덕선을 좋아하면서도 머뭇거리기만 하고 고백 한번 못 했던 류준열이 광고모델이다. 광고 속에서 그는 극 중의 우유부단한 모습을 벗고 덕선을 데리고 바다로 향한다. 드라마의 덕선과 류준열이 맺어지길 바랐던 팬들은 광고에서나마 대리만족을 했을 것 같다. 투싼의 영어 스펠링을 '덕선'으로 읽은 것도 위트 있다.

때로 광고는 사랑에 대한 은밀한 속마음을 살짝 보여 주기도 하고, 남녀의 성역할을 뒤집어 고정관념에 도전하기도 한다. 2005년에 제작된 투싼 TV광고의 주인공은 강하고 잘 나가는 전문직 여성과 패션에 민감한 꽃미남 메트로섹슈얼(metrosexual) 부하 직원의 연상연하 커플이다.

광고는 "내 안의 자유 본능"이라는 슬로건 아래 '남자' 편과 '여자' 편

류준열 운명의 또 다른 이름은
　　　　타이밍이다.
　　　　난 더 용기를 냈어야 했다.
　　　　나빴던 건 신호등이 아니라
　　　　타이밍이 아니라
　　　　내 수많은 망설임들이었다.
　　　　이제 피하거나 멈출 이유는 없다.

Na.   Fever or never
　　　　투싼 피버.
자막   가자! 덕선(Tuc:son).

현대자동차, 투싼, TVCM, 2016

자막　모험,

　　　　사랑 앞에 직급 차이는 없다.

　　　　위험,

　　　　때론 색다른 사랑이 탐난다.

　　　　실험,

　　　　완벽한 사랑엔 연습이 필요하다.

Na.　　내 안의 자유 본능, 투싼.

현대자동차, 투싼, '남자' 편, TVCM, 2005

자막 모험,

강한 여자는

여린 남자에게 끌린다.

위험,

가끔 남의 사랑이 더 커 보인다.

실험,

백 마디 말보다 한번 찍어 본다.

Na. 내 안의 자유 본능, 투싼.

현대자동차, 투싼, '여자' 편, TVCM, 2005

이 제작되었다. '남자' 편은 상사지만 여자로 보이는 그녀에게 향하는 남자의 눈길과 불쑥 꽃을 내미는 용감한 행동을 보여 준다. '여자' 편에는 여린 부하 직원에게 마음이 흔들리고, 오랜 남자친구가 옆에 있는데 여자친구와 걸어가는 다른 남자에게 시선을 빼앗기고, 조수석에 앉은 부하 직원에게 안전벨트를 매어 주는 강한 여자 상사가 나온다. 사랑할 때 남녀의 심리인 모험, 위험, 실험이라는 3가지 키워드 아래 쓰인 카피는 영상보다 더 도발적이다.

투싼이 여성스러운 디자인이기 때문에 타깃인 30대의 라이프스타일을 반영하여 감성 지향적인 광고를 제작했다는 후문이다.

그다음 해에 제작된 투싼의 광고는 헤어진 여자친구의 결혼식장에 가서 반지를 되돌려 주고 오는 남자, 다른 여자와 같이 있는 전 남자친구에게 다가가 함께 찍은 사진을 불태우는 여자를 보여 주며 사랑에 대한 자극적인 선언을 이어간다. "가슴속에 묻어야 할 추억은 없다, 미련은 아낌없이 태워야 한다, 이별의 다음은 새로운 사랑이다, 나에게 금지된 것은 없다"라는 것이 투싼의 주장이었다.

그러나 현실의 연애와 사랑은 광고처럼 단순하지 않다. 미련 없이 돌아서서 '쿨하게' 새로운 사랑을 찾는 일이 쉽지도 않다. 많이 사랑한 만큼 많이 아프고, 오래 사랑한 만큼 잊는 데도 오랜 시간이 걸리는 법이다. 오히려 충분히 괴로워하고 슬퍼하며 지난 사랑에 대한 애도를 끝낸 후에야 다른 사랑을 시작할 수 있는 것인지도 모른다.

세상이 모두 끝나 버린 듯한 실연의 순간이 지나고, 다시 일상으로 돌

아들   흑흑…

엄마 O.V   *거봐, 걔 여우라고 했잖아!*

아들   혜선아, 흑흑…

이효리   밥 한번 먹자, 응?

아들   *엄마, 한 그릇 더!*

Na.   무쇠솥 밥맛의 효과.

        쿠첸 명품철정.

쿠첸, 명품철정, TVCM, 2011

아간 상태가 되었다는 것을 우리는 어떻게 알 수 있을까? 먹지 않아도 배가 고프지 않다가 참을 수 없는 허기를 느낄 때가 바로 참담한 이별의 구렁텅이에서 빠져나오고 있는 순간이 아닐까? 실연당한 아들과 엄마의 대화를 소재로 만든 광고를 보며 그런 엉뚱한 생각을 한다.

2011년에 방송된 쿠첸 광고에는 떠나간 여자친구의 이름을 부르며 흐느끼는 남자가 등장한다. 아들의 여자친구가 마음에 들지 않았던 엄마는 김이 모락모락 나는 밥 한 그릇을 떠주며 여우 같은 아이였다고, 그럴 줄 알았다는 말투로 얘기한다. 울면서 억지로 몇 숟가락 밥을 떠넣던 아들은 어느새 눈물을 그친다. 점점 먹는 속도가 빨라지더니 밥 한 공기를 뚝딱 비우고 한 그릇 더 달라고 빈 그릇을 내민다.

'맞아, 사랑이 떠났다고 굶으면 안 되지, 울더라도 먹고 울어야지!' 잠깐 동안 희미한 옛사랑의 그림자를 더듬는 여인이었던 나는 화들짝 기승전'밥'을 외치는, 아들만 둘 가진 엄마로 돌아온다. 뇌가 하는 생각의 95%는 아마도 '여자'와 '연애'가 차지하고 있을 연애 초짜(?) 20대 내 아이들…. 그 아이들이 헤쳐 가야 할 험난한 사랑의 세계가 살짝 궁금하고 지레 안쓰럽다. 모든 연애가 그러하듯 내 아이들의 사랑 전선에 꽃길만 펼쳐지진 않을 것이다. 그리고 그들의 연애에 엄마인 내가 해줄 수 있는 일은 단 한 가지도 없을 것이다. 다만, 앞으로 수없는 실연의 순간을 겪을 내 아들들이 사랑이 가버린 어떤 절망의 날에도 굶지는 않았으면, 하고 기원한다.

무엇이나 해도 괜찮고 아무것도 하지 않아도 좋은 11월이다.
무엇을 하든 하지 않든, 모두가 밥은 잘 챙겨 먹었으면 싶은 11월이다.

07

가을, 카피 안으로 들어온 시(詩)

나는 '초등학교'가 '국민학교'로 불리던 시절에 초등학교를 다녔다. 생일이 늦어 또래보다 발육이 더디고 많이 어리숙했는데 장래희망만은 초등학교 2학년 때부터 조숙하게 시인이었다. 2학년 때 담임선생님 때문이다. 선생님은 학생들에게 200자 원고지 50장으로 개인 문집을 만들게 했다. 문집은 원고지 앞뒤에 두꺼운 검정 종이로 표지를 댄 후 송곳으로 구멍을 뚫고 철끈으로 묶어 만들었다. 우리는 삐뚤빼뚤 서툰 글씨로 그 문집의 원고지를 메꾸었다. 맞춤법 틀려 가며 산문도 쓰고 동시도 지어 적었다.

가을 운동회 즈음에는 운동장에 모여 앉아 백일장을 하기도 했다. 그 백일장에 내가 적어 낸 동시가 구청장 상을 받았다. 시장 상도 아니고 겨우 구청장 상이었는데도 생생하게 기억나는 것을 보면, 아마도 그게 내가 받은 첫 번째 상이 아니었나 싶다. 반 아이들이 박수로 축하해 주는 가운데 교탁 앞에 불려 나가 상을 받고 얼굴이 발갛게 되어 자리로 돌아와 앉으면서 시인이 되면 좋겠다는 생각을 했다. 길지 않으니 쓰기 어려울 것 같지도 않은데 칭찬과 박수도 받으니 요즘 말로 '가성비'가 좋은 일이라 여겼던 것도 같다.

시인을 가슴에 품었지만 그리 간절했던 소망은 아니어서 습작을 열심히 하는 일 따위는 하지 않았다. 집의 마루를 쓸다가 햇살에 먼지가 떠다니는 것을 보거나, 계절이 바뀌어 바람의 냄새가 달라질 때 가끔 울컥, 뭉클한 마음을 끄적거리는 게 고작이었다. 그리고 세상에는 셀 수 없이 많은 시인이 있고 내 재주는 턱없이 부족함을 깨달아 시인 되기를 포기한 때가 고등학교 2학년이었다.

세월이 흘러 대학을 졸업하고 카피라이터가 되었다. 광고 문안을 만든다는 카피라이터가 뭔지도 몰라, 도서관에 가서 백과사전을 찾아보고 입사시험을 보러 갔다. 그리고 운 좋게 합격해 광고 회사에 입사했다. 알고 보니 광고 카피는 시와 닮은 점이 꽤 있었다. 우선 카피는 시처럼 짧다. TVCM의 길이는 대부분 15초, 길어도 30초를 넘지 않는다. 15초 안에 하고 싶은 말을 다 해야 한다. 그래서 짧아도 압축적이어야 하고 간결하게 핵심을 전해야 한다. 신문이나 잡지에 실리는 인쇄광고의 카피도 짧다. 단편 소설도 넉넉히 들어갈 수 있는 신문 한 페이지를 가득 채우는 전면광고라도 카피를 길게 쓰지 않는다. 인쇄광고의 카피를 쓸 때는 헤드라인에서 하고 싶은 얘기를 다 하려고 노력한다. 이어지는 바디 카피를 읽지 않아도 팔고 싶은 내용을 압축해서 전하는 헤드라인이 좋은 헤드라인이다. 가끔 헤드라인과 기가 막히게 잘 맞아떨어지는 바디 카피를 쓰고는 혼자 감동하기도 한다. 아무도 읽지 않을 시를 쓰는 기분이 들기도 한다.

카피를 쓰기 전에 먼저 하는 일은 광고할 제품이나 브랜드의 장단점과

시장 상황, 지향점, 목표 고객의 프로필을 공부하는 일이다. 그다음에 광고 캠페인의 콘셉트를 뽑아내고 영상광고나 스틸광고를 어떻게 만들지 아이디어를 낸다. 그 아이디어에 들어갈 카피를 짧고 간결하고 효과적으로 쓰고 다듬는 일은 광고 한 편을 마무리하는 시점까지 계속된다.

생각이 꽉 막혀서 아무런 아이디어가 생각나지 않을 때, 또는 아주 강력한 슬로건이나 헤드라인을 써야 할 때 나는 자주 시집을 뒤적거린다. 시간이 많지 않으면 목차를 열고 제목만 훑어보기도 한다. 짧은 문장 속에 흘러넘치는 감정과 촌철살인의 지혜를 가두어 놓은 시는 내게 가장 큰 참고서이다.

나는 시인이 되지 못한 대신 카피라이터가 되어, 우리말을 환상적으로 빚어 놓은 시를 곁눈질하기도 하면서 시처럼 짧은 카피를 쓰고 있다. 초등학교 2학년의 장래희망에서 아주 크게 벗어나지 않은, 과히 나쁘지 않은 선택이라고 생각한다.

나는 시를 참고서로 훔쳐보는 데 그치고 있지만 시를 직접 광고에 사용하고 있는 기업도 있다. 많은 사람이 오가며 보는 교보생명 사옥에 붙은 광화문 글판이 시를 기업 이미지 홍보에 이용하고 있는 대표적 사례이다.

다음 이미지는 2018년 여름 내내 광화문 교보생명 빌딩에 걸려 있던 글판이다. 채호기 시인의 〈해질녘〉이라는 시에서 한 구절을 빌려 '노을 지는 저녁 풍경을 바라보며 우리가 살고 있는 이곳이 꽃잎으로 둘러싸인 아름답고 포근한 세상임을' 느끼는 마음을 표현하고 있다.

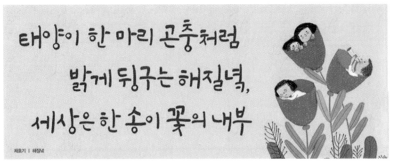

교보생명, 광화문 글판, 2018, 여름

절대 끝날 것 같지 않던 여름의 기세가 한풀 꺾이고 아침저녁으로 서
늘한 바람이 불어오니 광화문 글판의 가을 메시지가 궁금해진다. 9월
이 되자 어김없이 광화문에 가을 편이 걸렸다. 가을 편은 2018년에 탄
생 100주년을 맞은 오장환 시인의 〈종이비행기〉에서 가져왔다고 한다.

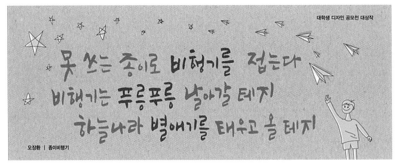

교보생명, 광화문 글판, 2018, 가을

내친김에 지난 가을에 내걸렸던 글판의 시들을 검색해서 다시 읽어 봤
다. 2017년에는 신경림 시인, 2016년 가을엔 김사인 시인, 2015년에

는 퓰리처상을 수상한 미국 시인 메리 올리버(Mary Oliver), 2014년 가을에는 황인숙 시인의 시가 광화문 글판을 장식했다.

반짝반짝 서울 하늘에 별이 보인다
풀과 나무 사이에 별이 보이고
사람들 사이에 별이 보인다

교보생명, 광화문 글판, 2017, 가을

2016 광화문글판 대학생 디자인 공모전 대상作

낙엽 하나 슬며시 곁에 내린다
고맙다
실은 이런 것이 고마운 일이다

김사인 | 조용한 일

교보생명, 광화문 글판, 2016, 가을

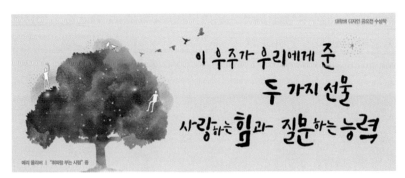

교보생명, 광화문 글판, 2015, 가을

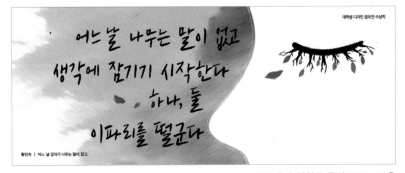

교보생명, 광화문 글판, 2014, 가을

MG새마을금고는 아예 시를 활용한 영상을 만들어 2016년 여름부터 방영하고 있다. 계절별로 "영화관에 찾아온 시"라는 극장광고 캠페인을 진행하고 있는데, 이는 상업적 메시지를 전달하는 TV광고와는 별개로 제작되어 고객에게 친근한 이미지로 다가가는 역할을 하고 있다. 화려함보다 차분함을 앞세운 이 광고들은 어두운 영화관의 분위기와 잘 어울려 계절의 감성을 한껏 자극한다. 2017년 가을 편을 찾아보니 이성선 시인의 〈사랑하는 별 하나〉의 일부가 유명 연예인의 목소리로 낭송되었다.

바람의 냄새가 달라졌다. 풀벌레 소리가 달라졌다. 노을 빛깔이 달라

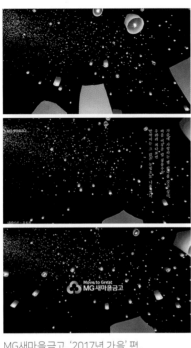

자막	영화관에 찾아온 시
Na.	가슴에 사랑하는 별 하나를 갖고 싶다. 마음 어두운 밤 깊을수록 우러러 쳐다보면 반짝이는 그 맑은 눈빛으로 나를 씻어 길을 비추어 주는 그런 사람 하나 갖고 싶다.
자막	이성선, 〈사랑하는 별 하나〉 어두운 밤도 비춰주는 사랑을 위하여.

MG새마을금고, '2017년 가을' 편,
극장광고, 2017

졌다. 가을이다. 발걸음이 저절로 문 밖으로 향한다. 여름이 언제였나 싶게 거짓말처럼, 계절이 바뀌었다. 이 아름다운 가을이 얼마나 짧을까, 벌써부터 아쉬운 마음이 든다. 더위가 가시니 비로소 "사람들 사이에 별이 보"이고, "철이른 낙엽 하나 슬며시 곁에 내"려와 그냥 있는 것이 고맙게 느껴진다. 여름내 무력하게 늘어져 있던 몸에도 슬며시 생기가 돌아오니 "이 우주가 우리에게 준 두 가지 선물" 중 하나인 "사랑하는 힘"을 쓰고 싶어진다. 전속력으로 소멸을 향해 달려갈, 짧을 것이 분명한 이 가을…. 새마을금고 극장광고 속의 시처럼 어두운 밤도 비춰줄 별 같은 사람 만나 닥쳐올 길고 추운 겨울에 대비하고 싶다. 휴대전화 속 저장된 이름들을 한 명씩 가만히 불러 본다.

08

밥이 답이다!

지금은 밥보다 빵을 좋아하는 사람도 많고, 잡곡밥이 건강에 좋다고 해서 귀리나 보리는 물론 렌틸콩, 퀴노아, 햄프시드 같은 희한한 이름의 곡식들을 쌀에 섞어 먹는다. 하지만 1970년대만 해도 쌀이 부족해서 건강과 상관없는 이유로 혼식을 장려하고, 쌀 소비를 줄이기 위해 분식을 권장하기도 했다. 점심시간이면 담임선생님이 잡곡밥을 싸 왔는지 검사하는 풍경도 흔했다. 도시락 뚜껑을 열었을 때 흰 쌀밥만 들어 있으면 부랴부랴 옆에 앉은 친구에게 보리나 콩을 한두 알 얻어서 내 흰밥을 잡곡밥으로 둔갑시키기도 했다.

아이들이 자라 식구 모두 밖에서 끼니를 때우는 일이 잦으니 집에서 밥하는 일이 드물게 된 지 오래다. 그래도 벼 베기 소식을 들으니 윤기가 자르르 흐르는 햅쌀밥 위에 알이 꽉 찬 간장게장을 얹어 먹거나, 들기름을 손으로 발라 구운 김에 싸서 먹고 싶어진다. 따끈한 밥에 빠다(어릴 때는 버터도 아닌 마가린을 빠다라고 불렀다)만 한 숟가락 넣고 간장에 비벼 먹고 싶기도 하다. 거기에 달걀프라이 한 알 더 넣어 비비면 다른 반찬이 필요 없는 별미였는데…. 주변에 미슐랭 맛집이 늘어서

고 방송에서 소개한 식당이 즐비해도 가끔은 단출하고 가난했던 어린 시절의 밥상이 그리워진다.

마침 농림축산식품부에서는 쌀 소비를 촉진하기 위해 흰쌀밥을 주인공으로 내세운 캠페인을 만들어 방영하고 있다. 먼저 눈에 띈 것은 5초 정도의 짧은 영상 다섯 개였다. 각각 갓 지은 흰쌀밥 위에 간장게장, 김, 달걀프라이, 명란젓, 낙지볶음 등 반찬이 얹히는 모습이 영상의 전부이다. 내레이션도 없다. 칼질하는 소리, 김 자르는 소리, 달걀

농림축산식품부, 밥이 답이다 캠페인, '간장게장' 편, 2018

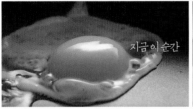

농림축산식품부, 밥이 답이다 캠페인, '간장달걀밥' 편, 2018

농림축산식품부, 밥이 답이다 캠페인, '김' 편, 2018

부치는 소리가 들리고 자막으로 "지금 이 순간 밥이 답이다"라는 카피가 한 줄 나타날 뿐이다.

맞는 말이다. 가끔 밥이 답이 될 때가 있다. 팔순 넘은 나의 노모는 아직도 "한국 사람은 밥을 먹어야지"라며 딸을 볼 때마다 밥 먹어라 성화를 하신다. 심사가 사납거나 기운 빠지는 일이 있을 때도 밥 한 그릇 든든하게 먹고 나면 힘이 난다. 처음 만나 서먹한 사람과도 밥 한 끼 먹고 나면 훨씬 가까운 사이가 된다. 못 먹던 시절을 지나와서 그런지 밥 먹었냐는 물음을 일상적인 인사로 쓰는 우리나라 사람들. 정성껏 지은 밥에 그 계절에 나는 반찬을 올려 밥상 위에 사계절을 차릴 줄 알았던 우리나라 사람들….

같은 해 제작된 농림축산식품부의 또 다른 캠페인, '계절밥상' 편은 계절에 따라 달라지는 밥상을 보여 주며 밥에 대한 향수를 자극한다. 카피는 오직 우리 밥상에만 봄 여름 가을 겨울을 담을 수 있다고 주장한다. 물론 억지다. 빵이나 파스타에도 계절을 담을 수 있다. 왜 그렇게 썼는지 짐작은 가지만 카피라이터나 크리에이티브 디렉터의 무신경이 좀 아쉽다. 하지만 쌀을 씻어 안치고 탁탁탁 야채를 썰고 지글지글 볶고 보글보글 끓여서 차린 식탁에 온 식구가 달려드는 일은, 빵이나 파스타보다는 밥에 훨씬 더 잘 어울리는 장면인 것은 사실이다.

며칠 전 대장내시경을 받느라 꼬박 하루 반을 굶었다. 굶고 속을 비운 탓에 기운은 하나도 없는데, 발견된 용종을 제거하느라 두 번이나 시술 침대에 누워야 했다. 마취 기운이 남아 있어 살짝 비틀거리며 일어나는데 더운 김이 뽀얗게 올라오는 흰쌀밥 생각이 왈칵 들었다. 아무

여   오, 밥 좀 하는데?

Na.   빵이나 파스타에는 없다.

     오직 밥상에만

     봄이 있고,

     여름도

     가을도 있고,

     겨울도 있다.

여   밥 냄새 너무 좋다!

Na.   계절음식과 함께하는 밥상은

     365일 설렌다.

여   밥 나왔습니다!

Na.   밥에는 소소하지만

     확실한 행복이 있다.

     밥이 답이다.

농림축산식품부, 밥이 답이다 캠페인,
'계절밥상' 편, 2018

반찬 없이 흰밥 한 공기로 텅 빈 위와 장을 채우고 싶었다. 정말 배가 고플 땐 밥이 먼저 생각난다는 사실을 몸으로 체험한 순간이었다.

농림축산식품부의 "밥이 답이다" 캠페인은 계속 이어졌다. 밥 먹으라는 얘기를 하려고 제대로 작정을 했는지, 혼자 밥을 먹는 혼밥족을 겨냥한 동영상도 제작되었다. 영상 속에서 혼자 밥을 먹는 남자는 "혼을 다해서 차린 밥"이 혼밥이라는 해석을 내세우며 스스로를 위해 근사한 밥상을 차린다. 인터넷으로 요리법을 찾아서 요리를 하고 예쁘게 담아 먹기 전에 사진을 찍는 것도 잊지 않는다.

> "상여는 소박히 하고 음식은 넉넉히 하라.
> 장례는 5일간 치르되 문상객은 귀천에 상관없이 받아라.
> 사는 동안, 도움 받지 않은 이가 없다."

뜨거운 여름부터 9월 말까지 장안의 화제가 되었던 드라마 〈미스터 선샤인〉에서 여자주인공의 할아버지가 죽기 전에 남긴 유언이다. 〈미스터 선샤인〉에는 적어 두고 싶은 절절한 그리움의 대사나 가슴 아픈 민초들의 대사, 오글거리는 사랑의 대사가 유난히 많이 나왔다. 그 속에서 음식을 넉넉히 장만해 신분에 차별 두지 말고 문상객을 대접하라는 꼿꼿한 양반의 유언이 특히 가슴에 와닿았다. 부고를 받으면 달려가 조문을 한 뒤 평상에 주저앉아 국과 밥을 한 그릇 받아먹는 요즈음의 장례식장 풍경이 겹쳐 떠오르기도 했다.

삶과 죽음이 함께 있는 장례식장에서는 빵이 먹히지 않을 것 같다. 파스타가 어울릴 것 같지도 않다. 망자의 명복을 빌며 눈물 떨군 육개장

남   오케이, 밥을 먼저 하고,
　　　　브로콜리, 아스파라거스…

Na.   혼자 먹는 밥이라고
　　　　대충 먹긴 싫다.
　　　　혼밥, 혼을 다해서 차린 밥!
　　　　내게 혼밥이란 그런 것.

남   하! 밥 냄새 진짜 좋다.
　　　　잘 먹겠습니다!

Na.   밥에는 소소하지만
　　　　확실한 행복이 있다.
　　　　밥이 답이다.

농림축산식품부, 밥이 답이다 캠페인,
'혼밥' 편, 2018

이나 뭇국에 흰쌀밥을 말아 먹는 것이 더 자연스럽다. 이때도 밥이 답
이다.

생각은 제멋대로 뻗어 나가서 나는 죽은 뒤 문상객에게 국밥을 대접하
는 대신, 살아 있을 때 밥 한 끼라도 사야겠다는 데까지 이른다. 아침
햇살과 파란 하늘에 날아갈 듯 상쾌한 마음이 들었다가, 바람 부는 저
녁이면 쓸쓸해지기도 하는 시월, 그리운 이들을 불러 함께 밥을 먹자
고 해야겠다. 빵으로는 달래지지 않는 허기와, 술과 안주를 배부르게
먹고도 남는 아쉬움을 마음 준 사람들과 나눠 먹는 밥으로 든든히 채
워야겠다.

09

늦은 가을,
그리움이 깊어지는 계절

가을이 깊다.

30년 된 아파트에서 살 때는 지천이 단풍 든 은행잎 천지였는데, 지은 지 겨우 5년차를 맞은 곳으로 이사하고 보니 단풍은 지인들의 SNS 담벼락을 통해서나 구경하는 처지가 되었다. 그래도 몸은 가을이 무르익어 겨울을 부르는 계절을 느끼고 있다. 저녁 여섯 시면 벌써 어둑어둑해지는 거리를 찬바람 맞으며 걸으면 옷깃을 저절로 여미게 된다. 아직 난방을 하지 않은 집 책상 앞에 앉으면 약간 쌀쌀함이 느껴진다. 몸에 와 닿은 쌀쌀함은 마음속으로 들어가 쓸쓸함이 된다. 왈칵, 갑자기, 덜컥, 뭉클 하는 감정들이 아랫배에서부터 치밀어 올라와 아우성친다. 하루가 지나고, 그 하루만큼 가을이 더 깊다.

가을비가 추적추적 창문을 두드린다. 비 맞은 은행잎은 우수수 떨어져 보도블록을 덮는다. 폭신폭신한 젖은 은행잎은 밟히면서도 소리를 내지 않는다. 늦은 가을의 발걸음은 가볍지 않다. 사뿐사뿐 대신 터덜터덜 혹은 타박타박이다. 지나온 한 해가 돌아보면 아득하고, 해놓은 일보다 하지 못한 일에 마음이 무겁다. 돌이킬 수 없는 것들이, 이미

지나가 버린 것들이 그렇다. 아무리 뒤돌아봐도 보이지 않는 어떤 것들, 다시는 돌아갈 수 없는 시간이 안타깝다.

가을이면 유독 명치끝을 쿡 찌르는 그리움….

그리움도, 아니 그리움은 무엇보다도 좋은 광고의 소재가 된다.

열다섯에 물질을 시작해 한평생 해녀로 살아온 할머니가 있다. 제주에 사는 양영순 할머니가 그분이다. 그녀의 그리움은 바닷속을 향한다. 눈만 뜨면 달려가 내 집처럼 자유롭게 샅샅이 누비던 바닷속, 평생 양식이 되고 옷이 되고 땔감이 되었던 바닷속의 보물들. 그런데 나이 들어 무릎이 아프고 숨이 가빠서 더 이상 들어갈 수가 없다. 할머니는 바닷속의 보물들이 보고 싶어서 틈만 나면 나와 멍하니 바다를 바라본다. 아무리 바라다봐도 바다는 제 속을 보여주지 않고 철썩철썩 파도만 바람에 부서진다. 광고 영상의 도입부는 바다를 쳐다보는 양 할머니의 주름진 얼굴, 거친 손을 보여주는 데 시간을 할애하고 있다.

어쩌면 물속에서 살았던 시간이 더 많은 양영순 해녀에게 바닷속은 고향이다. 그녀가 다시 고향에 돌아갈 수 있을까? 21세기의 첨단기술은 그녀에게 꿈에서도 가보기 힘들던 바닷속을 선물한다. 한 통신회사는 그녀가 늘 물질하던 제주도 신창 앞바다의 바닷속을 4K 고화질 영상으로 찍어 실시간으로 전송한다. 양영순 할머니는 특수 제작된 차에 앉아서 차 안을 꽉 채우는 바닷속 영상을 만난다. 비록 바닷물에 젖지는 않지만 자동차의 창밖에는 물고기가 헤엄치고, 젊은 해녀가 물질을 하고 해초가 살랑거린다. 양 할머니는 돌을 들춰서 문어라도 잡으려는 듯 벌떡 일어나 차창으로 손을 뻗는다. 환성을 지른다. 화면을 만져 보다 울컥 눈시울을 붉힌다.

SK텔레콤, '어느 해녀의 그리움' 편, TVCM,
2017

자막	어느 해녀의 그리움
양영순	15세부터 물질을 배웠지.
	물속이 내 집이고 내 고향이고
	보물이고 이제는 얼마나 가고
	싶고 뭐 해도 가지를 못해서….
	나이가 많아 숨이 차서 안 되지.
Na.	한평생 해녀로 사셨지만 더 이상
	물질을 못하게 된 양영순 할머니.
	이제 할머니에게 바닷속은
	가고 싶어도 갈 수 없는
	잃어버린 고향이 되었습니다.
	SK텔레콤의 5G는
	양영순 할머니에게 잃어버린
	고향을 돌려드리려 합니다.
자막	할머니가 물질하시던
	신창 바닷속을 4K 고화질
	영상으로 실시간 전송하는
	SK텔레콤의 5G 기술
양영순	생전에 여 이런 걸 봐저.
	꿈속에서도 못 볼 꺼.
	이 바다가
	내 집이고 내 고향이고!
Na.	고향을 떠난 적 없지만
	고향을 잃어버린 것 같다던
	양영순 해녀의 첫 5G는
	"나의 살던 고향은"입니다.
자막	딩신의 첫 5G는 무잇이 될까요?
	Welcome to 5G KOREA.

5세대 이동통신(5G networks)은 다운로드 속도가 현재 우리가 쓰고 있는 일반 LTE보다 280배나 빨라서 1GB 영화 한 편을 10초 안에 내려받을 수 있다고 한다. 그런 말을 들어도 5G 인터넷 세상이 뭔지는 잘 모르겠지만, 광고를 보면 뭔가 따스하고 행복한 일을 만들어줄 기술이라는 생각이 든다.

SK텔레콤의 5G 광고가 물길 속에 대한 그리움을 소재로 한 광고라면, 까맣게 몰랐던 사람의 속을 소재로 만든 광고도 있다.

그는 아들이다. 대개의 아들이 그러하듯 아버지와 특별히 좋지도 나쁘지도 않은 거리를 유지하는 사이다. 명절 때나 만나고 가끔 전화를 하지만 할 말은 별로 없다. "잘 지내지?" "네. 별일 없으시죠?" "응." 짧은 통화가 대화의 전부였던 아버지와 아들. 그 아들이 아버지가 되었다. 할아버지가 된 아버지는 눈도 채 뜨지 못하는 아들의 아기를 안고 눈물을 보인다. 자장가를 부른다. 내 아버지가 자장가를 부를 줄 아는 사람이었던가? 그 모습을 본 아버지가 된 아들은 처음으로 아버지의 마음속이 궁금하다. 역시 SK텔레콤이 만든 "사람 다시보기"라는 캠페인이다.

캠페인에는 머리 희끗한 남자의 뒷모습만 나온다. 아름드리 메타세쿼이아 나무가 늘어선 길을 천천히 걷는, 속을 알 수 없는 아버지의 뒷모습, 손주를 안고 어르며 재우는 할아버지가 된 아버지의 뒷모습. 그 풍경 위로 아들의 내레이션이 잔잔하게 흐른다.

더 늦기 전에, 더 잊기 전에, 더 멀어지기 전에, 더 후회하기 전에….
11월은 더 늦기 전에 해야 할 일로 마음이 바쁘다. 때 이른 송년회를

자막   사람 다시보기 I

아들   내가 아홉 살이 되던 해부터
　　　나는 그의 손을 잡지 않고 걸었다.
　　　그는 마음을 표현하는 법을 몰랐고
　　　나는 그가 궁금하지 않았다.
　　　오늘 그가 내 아기를 처음 안는다.
　　　눈물을 보이고 자장가를 부른다.
　　　나는 과연 당신에 대해
　　　무엇을 알고 있었던 걸까?

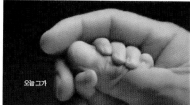

자막   더 늦기 전에 아버지의 가슴속을
　　　만나십시오.
　　　MBC 캠페인
　　　이 캠페인은
　　　SK텔레콤이 함께합니다.

SK텔레콤, '사람 다시보기: 아버지' 편, TVCM,
2008

알리는 문자가 도착한다. 나는 아직 올해를 보낼 준비가 안 되어 있는데 어서 떠나보내라고 재촉하는 것 같다. 한 해를 보내는 '송년회'가 아니라 몽땅 잊어버리자는 '망년회'가 범람하던 시절을 지나와서 그런지 가는 해와 함께 잊고 싶은 일들도 줄지어 떠오른다.

종일 모니터 앞에서 크게 중요할 것도 없는 일을 분주하게 하다가 퇴근한 뒤, 낙엽 뒹구는 거리를 걸으며 생각한다. 남은 두 달, 남은 내 시간에 무엇을 먼저 할 것인가, 무엇을 잊고 무엇을 기억할 것인가? 지금의 나는 과연 과거의 내가 되고 싶었던 그 사람인가? 그리운 것들은 모두 어디로 사라져 버렸을까?

세월이 흐르면 지금 이 순간도 그리운 것이 될까? 그럴지도 모르겠다. 모든 그리운 것들은 행복했기 때문에, 풍요로웠기 때문에 그리운 것이 아니라 돌이킬 수 없어서, 지나가 버려서 그리운 것인지도 모른다. 아무리 그리워하고 후회해도 다시 돌아가면 똑같은 행동을 반복할 수밖에 없을지도 모른다.

10년쯤 지나면 그리워질 오늘의 나에게 미래의 내가 되어 귓속말을 한다. 실컷 그리워하라고, 대신 어제에 대해서도 오늘에 대해서도 후회는 하지 말라고. 당신 지금 잘 살고 있으니까, 앞으로도 잘 살 거니까…. 가을이 깊다, 야위어 가는 가을 따라 그리움도 깊다.

/

겨울

/

01

사람 안에 사람 안에 사람 안에 사람

한때 지구 반대편 남반구에 살았던 적이 있다. 그곳의 12월은 덥고 환하고, 쨍쨍한 여름휴가지 냄새가 났다. 그곳에서 나는, 평소에는 아무렇지도 않다가 12월만 되면 유독 한국이 그리웠다. 앉자마자 탁자에 뜨끈한 어묵 국물을 턱 하고 올려 주던 정종대포집, 포장마차에서 모락모락 피어오르던 수증기, 망년회를 부르는 전화벨, 코끝이 빨개져서 종종걸음 치는 사람들, 손으로 적었던 성탄카드와 새해연하장, TV중계로 보던 보신각 종소리…. 더운 남반구가 아닌, 서울 12월의 춥고도 훈훈한 풍경 속에 나도 끼어들고 싶었다.

소원대로 서울에 와서 다시 12월을 맞았다. 이제 나는 아무 때나 정종대포집에 갈 수 있고, 송년회 약속으로 빽빽한 달력을 가지고 있다. 시린 손을 호호 불며 포장마차의 비닐을 들치고 들어가기도 하고, 진작 산타의 정체를 알아 버린 아이들에게 줄 크리스마스 선물을 사기도 한다. 한 번도 서울을 떠난 적이 없었던 것처럼 그렇게 2016년의 12월을 보내고 있다. "일 년이 한 편의 영화라면 12월인 지금은" 마지막 엔딩 크레디트가 올라가는 시간이다. 몇 년 전 송년을 따뜻하게 묘사한 SK

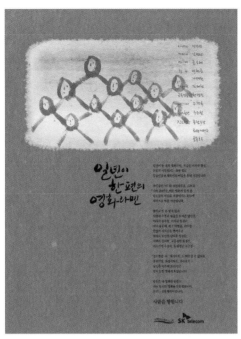

SK텔레콤, 송년 신문광고, 2007

일 년이 한 편의 영화라면

일 년이 한 편의 영화라면,
지금은 마지막 장면.
천천히 어두워지는 화면 위로
등장인물과 제작진의 이름을
올릴 시간입니다.
주인공인 '나'와 조연배우들, 그리고
'나의 2007년'이란 영화가 있게 한
당신들의 이름을 저물어 가는 하늘에
자막으로 띄울 시간입니다.
출연료 한 푼 받지 않고
사랑과 우정과 믿음을 보여준 당신들.
아버지 장우성, 어머니 임정란,
아내 윤승혜, 친구 박현준, 나대원….
말없이 새벽길을 열어 주고
묵묵히 밤길을 밝혀준 당신들.
미화원 김태현, 교통경찰 황경진,
버스기사 우경록, 동네청년 구근철….
'장소 협찬'과 '제작 지원'도
빠뜨릴 수 없지요.
종점식당, 화평세탁소, 골목호프….
당신들 덕분에 2007년은
잊지 못할 영화가 되었습니다.
당신은 내 영화를 만들고
나는 당신의 영화를 만들었습니다.
우리는 공동제작자입니다.

텔레콤의 신문광고에 나온 문장이다.

올해 내가 주인공이었던 나의 영화는 어떤 장르였나 자문해 본다. 해피엔딩으로 끝나는 로맨틱 코미디였으면 했지만 공포 스릴러가 아닌 것만 해도 다행이다. 솔직히 말해 남은 내 삶의 장르를 고르라면 비슷한 일상이 반복되는, 클라이맥스 없는 다큐였으면 좋겠다. 아주 기쁜 일이 없는 내신 정말 슬픈 일도 없는, 극적인 반전보다 사소한 에피소드가 이어지는 시트콤이었으면 좋겠다.

12월이 되어 나는 매일 작별 인사를 한다. 거리를 걸으며, 지하철을 기다리며, 앙상한 나뭇가지에 눈을 줄 때도 혼자 중얼거린다. 안녕, 2016년의 날들아. 안녕, 지키지 못한 약속들, 돌이킬 수 없는 발걸음들아. 안녕, 여전히 서툴고 조급하고 미숙했던 '나'들아…. 그리고 나만의 송년 광고를 만든다.

사람 안에 사람 안에 사람 안에 사람

옆 차가 끼어든다고 빵빵댑니다.
뉴스를 보다가 욕설을 내뱉습니다.
까칠한 사람입니다,
내 안에 있습니다.

단풍잎을 주워 책갈피에 끼웁니다.
친구의 생일에 미역국을 끓입니다.

다정한 사람입니다,
내 안에 있습니다.

가끔은 늦도록 잠 못 들어 뒤척입니다.
같이 마시고 혼자만 취하기도 합니다.
쓸쓸한 사람입니다,
당신 안에 있습니다.

눈 녹을까 아쉬워 냉동실에 넣어 둡니다.
하고 싶은 일 대신 해야 하는 일을 합니다.
그리운 사람입니다,
당신 안에 있습니다.

그립고 쓸쓸하고 다정하고 까칠한 사람.
내 안에 있는 또 다른 나,
내 안에 있는 수많은 당신입니다.
버리고 싶다가도 다시 보듬게 되는 나들, 당신들
한 명 빠지지 않고 모여
해를 보내고 해를 맞이합니다.

사람 안에 사람이 있어 또 한 해 살았습니다.
사람 안에 사람이 있어 또 한 해 살겠습니다.

깃털처럼 가벼운 심장

02

2016년의 끄트머리에 팔순 넘으신 엄마를 모시고 제주도에 갔다. 트레
킹 코스로 유명한 사려니 숲에 들었다. 눈에 보이는 오솔길들이 궁금
해 앞장서 걷는데 엄마는 금세 다리가 아프다고 하신다. 겨울 바다가
반가워 숙소 앞 해변에 나가자고 했다. 호텔 문을 열자마자 엄마가 뒤
돌아서신다. 세찬 바람이 무섭고 춥다고 로비에 앉아 기다리시겠단다.
내가 무럭무럭 늙고 있는 동안 우리 엄마 저렇게 힘이 빠지셨구나, 후
회가 밀려들었다.

함께 간 여동생이 물었다. "엄마는 내년에 뭐 하고 싶어?" 엄마는 망
설임도 없이 대답했다. "늬들은 뭐라고 할지 모르겠지만, 내년에는 죽
고 싶어…" 아무렇지도 않은 어조였다. 최소한 증손자 볼 때까지는
살아야 하니 말도 안 되는 소리 하지 말라고 화를 냈지만, '해 볼 것
다 해 봤고, 이제 더 먹고 싶은 것도, 하고 싶은 것도 없다'는 엄마의
마음이 조금은 이해가 되었다. 나도 가끔 너무 오래 살까 봐 걱정이
되곤 하니까.

죽기 전에 하고 싶은 것이 너무 많다는 말 대신, 하고 싶은 일이 없어서 죽었으면 좋겠다는 우리 엄마. 나는 엄마가 언젠가 죽을 것을 알면서도 영원히 살 것처럼 엄마를 우선순위에서 미뤄 둔다. 짧은 여행 중에도 짜증을 내고 핀잔을 주고 다음에는 둘이서만 오자고 동생과 속닥거린다.

2006년 전파를 탔던 동양생명의 TVCM은 말기 암에 걸린 여성과 그것을 알면서도 그녀와 결혼한 남자가 주인공이었다. 그들이 결혼반지를 사고 삭발을 하고 웨딩사진을 찍고 환자복을 입은 채 뽀뽀하는 스냅사진이 모여 한 편의 광고가 되었다. 그 사진들 중에는 액자에 검은 리본을 두른 그녀의 영정사진도 있었다. 광고가 나갈 때 이미 그녀는 하늘나라로 갔기 때문이다.

고대 이집트 사람들은 죽으면 지하세계에 가서 심판을 받는다고 믿었다. 죽은 자가 저울 한쪽에 자신의 과거를 모두 기억하고 있는 심장을 올려놓으면 진실의 여신이 정의를 상징하는 깃털 하나를 반대편에 올려놓고 무게를 잰다. 죄가 많으면 저울이 아래로 기울어져, 저울 아래 있는 아무트라는 괴물이 심장을 잡아먹는다. 심장을 잃은 사람은 영혼이 소멸해 영생의 기회를 잃어버린다. 죄가 없는 사람의 심장은 깃털과 균형을 이루고 지하세계를 다스리는 신 오시리스에게 영생을 보장받는다.

죽을 것을 알면서도 결혼하는 지극한 사랑과 죽을 것을 알면서도 받기만 하는 이기적인 나⋯. 아마 나의 심장은 저울 아래로 툭 떨어져 버릴 것이다.

동양생명, TVCM, 2006

자막
/
어느 날 찾아온 말기 암 판정, 그녀가 죽을 것을 알면서도 아내로 맞이했습니다.

그녀가 삭발하기 전날 그도 처음으로 머리를 밀고,

감기라도 걸리면 큰일이지만,

결혼반지를 사기 위해 세상 밖으로 나갔습니다.

웨딩사진을 찍기 전에 영정사진을 먼저 찍었습니다.

사랑에는 시한부가 없음을 알려준 당신 고맙습니다.

당신 덕분에 사랑을 알고 갑니다.

Na.
/
당신이 천사입니다.

자막
/
사랑의 힘을 믿습니다.

두 분의 숭고한 사랑은 MBC 휴먼다큐에 방송된 실제 이야기입니다.

고인(故人)이 되신 서영란 씨의 삼가 명복을 기원합니다.

새해가 되었다. 한 살 더 먹은 만큼 죽음에 한 살 더 가까워졌다. 새해에는 죽을 것을 알면서도 하지 않고 있는 일들을 해야겠다. 죽을 때도 가져갈 수 있는 것에 시간을 쏟아야겠다. 눈물, 웃음, 위로, 포옹, 촛불, 편지 같은 것들. 돈이 되는 것은 아니지만, 심장을 가볍게 할 것에게 마음을 줘야지. 주변의 마음 다친 사람들을 돌아보고, 다시 엄마 손을 잡고 나들이를 할 것이다. 진심으로 고마워하고 샘내지 않고 축하하고 옛 친구에게 엽서를 띄우고 낯선 도시로 가는 기차표를 끊을 것이다.

깃털처럼 가벼운 심장! 어떤 명품 매장에서도 살 수 없는 그것을 새해 내 버킷리스트 꼭대기에 올려 둔다.

03

엄마 맘대로 생일선물

몇 년 전 크리스마스와 가까운 내 생일이 다가오자 큰아들이 선심 쓰
듯 물었다.

"엄마, 생일선물 겸 크리스마스 선물로 샤워기 꼭지 사드릴까요?"

"샤워기 꼭지?"

"지금 있는 목욕탕 샤워기를 빼고 대신 달 수 있는 거요.
물이 훨씬 세게 나와요."

"인마, 그게 무슨 생일선물이야, 그냥 생활용품이지. 싫어!"

"물 나오는 형태도 여러 가지로 조절할 수 있어서 정말 좋을 텐데,
진짜 싫어요?"

여러 장점을 들어 샤워기 꼭지를 권하는 아들에게 단호하게 거절을 하
고 다른 선물을 내심 기대했다. 그런데…, 녀석은 책을 한 권 선물로 사
왔다.

"제가 정말 좋아하는 책인데 세일하기에 사왔어요."

"생일선물로 이렇게 두꺼운 책? 흠, 엄마가 책을 싫어하는 건 아니지만….
생일선물이라면 뭔가 좀 작고 반짝거리는 게 훨씬 더 좋아.
내년에는 참고해라."

그 이듬해 아들은 작고 반짝이는 것이 무엇인지 여자친구에게 문의한 후, 절대 만 원은 넘지 않아 보이는 귀걸이를 선물로 가져왔다. 예쁘다고 좋아하는 내 옆에서 녀석이 중얼거렸다.

"이게 뭐가 좋다고, 참…. 나라면 샤워기 꼭지가 훨씬 더 좋을 텐데."

또 다음 해, 형과 엄마의 수작을 지켜보며 선행학습을 한 막내도 자기가 좋아하는 캐릭터 인형을 포기하고 귀걸이를 내 생일선물로 사왔다. 한마디 덧붙이는 건 둘째도 물론 잊지 않았다.

"엄마는 이게 정말 예뻐요? 난 아무리 봐도 잘 모르겠어요."

몰래 선물을 사서 숨겨 두었다가 크리스마스이브, 아이들이 잠든 사이에 꺼내 크리스마스트리 아래 두던 때가 생각난다. 큰애가 초등학교 6학년이 될 때까지는 산타클로스의 선물인 척 연극을 했다. 나중에 알고 보니 진작 산타가 없다는 걸 알아 버린 첫째가 둘째에게 산타의 정체를 폭로했지만, 엄마아빠가 실망할까 봐 산타를 믿는 척했단다.

크리스마스 쇼핑 대신 여러 나라의 크리스마스 광고를 검색해 본다. 광고 안에는 여전히 산타가 존재하고 루돌프가 썰매를 끈다. 멀어졌던 가족이 작은 선물과 포옹으로 화해를 나누고, 크리스마스의 기적을 기대하게 하는 환상이 가득하다. 앵테르마르셰(Intermarché)라는 프랑스 슈퍼마켓 체인의 2017년 크리스마스 광고를 보자.

크리스마스 별 장식이 매달려 있는 프랑스 한 삭은 마을의 광장. 광장 한가운데 푸짐한 몸집의 산타클로스가 앉아 동네 어린이들과 사진을 찍고 있다. 차례를 기다리던 다섯 살쯤의 사내아이가 뚱뚱한 산타의 무릎에 앉는다. 아이는 산타클로스의 배를 만져 보더니 다급하게 집

앵테르마르셰, TVCM, 2017

자막
/
우리는 매일 잘 먹어야 할 충분한 이유가 있습니다.

으로 뛰어가 벽난로의 굴뚝을 쳐다본다. 굴뚝은 산타의 몸집에 비해 지나치게 작다. 아이는 실망해서 누나에게 말한다. "산타는 절대 이 굴뚝으로 못 내려와…."

그날부터 남매는 산타 다이어트 작전에 돌입한다. 누나는 요리책을 들여다보고 동생은 식재료를 고른다. 두 아이의 표정이 정말 심각하다. 아이는 제 얼굴만큼 큰 양상추, 양배추 즙, 퀴노아 샐러드, 달걀, 생선 등 건강식을 산타클로스에게 가져다 나른다. 어리둥절해하는 산타에게 지켜보겠다는 무언의 압력도 잊지 않는다. 마침내 크리스마스이브가 되었다. 아이는 산타를 위한 간식으로 우유 한잔과 아티초크 한 송이를 크리스마스트리 아래 준비해 두고 잠이 든다. 16억 명의 아이들이 성탄 전야에 산타가 오면 먹으라고 우유와 비스킷을 차려 놓는다는 조사결과를 활용한 장치다. 비스킷 대신 칼로리와 지방이 적어 건강에 아주 좋다는 아티초크다.

크리스마스 아침이 밝았다. 아이는 눈곱도 떼기 전에 거실로 달려간다. 크리스마스트리 아래 무사히 쌓여 있는 선물들! 산타의 다이어트가 성공한 것이다. 모든 것을 알고 있는 듯한 표정의 누나. 아이는 산타의 다이어트 식단 제공을 헌신적으로 도와준 누나를 따스하게 끌어안는다. 그리고 나타나는 단 한 줄의 자막.

우리는 매일 잘 먹어야 할 충분한 이유가 있습니다.

앵테르마르셰가 말하는 '잘 먹는다'는 것은 고급 레스토랑에 가서 비싼 음식을 먹는 것이 아니라, 정성을 담아 만든 건강한 음식을 먹는다는 뜻이다. 소중한 사람이 건강하기를 바라는 마음으로 메뉴를 고민하고 장을 봐서 손수 만드는 음식, 어쩌면 세상에서 가장 비싸고 귀한 선물일지도 모르겠다.

2017년이 저물어 가고 어김없이 크리스마스와 생일이 다가오고 있다. 올해 생일에는 아이들에게 작고 반짝이는 것 대신 손수 차린 밥상을 대령하라고 할까 보다. 내가 좋아하는 메뉴를 고민해서 장을 보고 요리를 하라고 하면 녀석들은 어떤 표정을 지을까? 올해는 산타 부럽지 않게 배가 나오고 있는 엄마의 다이어트를 위해 앵테르마르셰 광고 속 남매처럼 건강식을 지어 달라고 해 봐야겠다.

04

12월에는
모두 사랑을 고백하기로 해요

손에 쥔 모래알이 손가락 사이를 스르르 빠져나가듯 2017년이 멀어지고 있다. 흐르는 시간을 아쉬워할 새도 없이 열한 달이 가버렸다. 12월이다.

올해도 더듬더듬 헤맸고 쓸쓸했고 그리웠다. 나이 들었어도 눈 뜨면 맞이하는 모든 날이 처음 만난 첫날이라 그러했다. 올해도 염치없이 기쁘고 행복했고 고마웠다. 낯설고 두려웠던 모든 첫날에 낯익은 친구들과 가족이 곁에 있어서 그럴 수 있었다. 그렇게 열한 달을 보내고, 12월이다. 돌이킬 수도, 주저앉을 수도 없는 12월이다.

12월이 되면 마음이 공연히 분주해진다. 자주 보던 사람들과는 애틋한 마음이 더해 송년회 날짜를 맞추고, 자주 못 보던 사람들과는 아쉬워서 얼굴 볼 날을 잡는다. 12월이 바쁘니 간혹 만남을 새해의 신년회로 미루기도 하지만 신년회는 어쩐지 감성보다 이성이 앞서는 느낌이다. 어리광 부리고 풀어지고 샛길로 새고 칼로리 따위는 잊은 채 먹고 마시게 되는 날이 송년회라면, 신년회는 반성하고 계획하고 신호등 잘

지기 찌진만 해이 될 깃 같은 닐이다. 그래서 나는 낭년회를 백배쯤 너 기다린다.

눈이라도 내릴 것처럼 하늘이 낮게 가라앉는 오후가 계속되면, 벽난로 앞의 작은 크리스마스트리 아래 알록달록 포장한 선물상자를 놓아 두고 싶어진다. 물론 우리 집에는 벽난로가 없고 아이들이 다 자란 뒤로는 플라스틱 크리스마스트리마저 치워 버렸다. 하지만 누군가를 위해 선물을 사고 싶은 마음은 12월에 가장 커져서 반짝반짝 성탄 장식이 켜진 백화점 쇼윈도를 기웃거리고, 인터넷 쇼핑몰을 이리저리 둘러보기도 한다. 20년쯤 전에 쓰기를 멈췄던 성탄카드나 연하장을 다시 써볼까 고민하는 것도 이즈음이다. 달처럼 멀리 사는 친구에게 열일곱 여고생으로 돌아가 편지를 쓰고 싶어지기도 한다. 연말에 이런 마음이 드는 것은 지구 어디에 있어도 마찬가지인 것 같다. 2015년 방영된 영국 존 루이스(John Lewis) 백화점의 크리스마스 광고를 보자.

광고의 주인공은 릴리라는 초등학교 1학년 정도의 소녀다. 게임기만 가지고 노는 오빠 옆에서 지루해하던 릴리는 베란다에 있는 망원경으로 달을 보다가 깜짝 놀란다. 나무 한 그루 없는 달의 황량한 들판에 낡고 작은 오두막집이 한 채 있고 그곳에 한 남자가 살고 있는 것을 보았기 때문이다. 구부정한 어깨의 노인이 손에 머그잔을 들고 걸어 나와 오두막 주변을 두리번거린다. 초점 없는 눈동자가 외로워 보인다. 릴리는 망원경에서 눈을 떼고 달을 향해 손을 흔든다. 하지만 노인의 눈에 보일 리가 없다. 그저 공허한 눈동자를 들어 먼 허공을 바라볼 뿐이다.

그다음 날부터 릴리는 집에 오기가 무섭게 망원경을 눈에 대고 달에 사는 할아버지를 살펴본다. 차를 타고 가다가도 하늘에 뜬 달을 보면 그곳에 있는 할아버지를 생각한다. 그러다가 '달에 사는 남자에게'로 시작하는 그림편지를 쓴다. 여기에 있는 누군가가 그를 생각하고 있음을 보여 주기 위해 그림을 그리고 서툰 글씨지만 정성껏 편지를 쓴다. 옥상에 올라가 그 편지를 달을 향해 힘껏 흔든다. 화살에 감아 쏘기도 하고 비행기로 접어 달을 향해 날리기도 한다. 그러나 릴리의 편지는 당연히 달에 닿지 못하고 전부 땅으로 떨어진다.

시간이 흘러 크리스마스가 다가오고 릴리의 집에 크리스마스트리가 세워진다. 트리 아래 선물상자가 쌓이고 아이들은 선물을 풀며 환호성을 지른다. 지구의 흥겨운 분위기와 상관없이 달 위의 남자는 여전히 혼자다. 혼자 벤치에 앉아 멀리 초록으로 보이는 지구를 쳐다본다. 그런데 갑자기 그의 눈앞에 풍선에 매달린 선물상자 하나가 나타난다. 두 손으로 상자를 받아 포장을 푼다. 남자가 활짝 웃는다. 상자 안에는 망원경이 들어 있다.

남자는 망원경으로 지구를 본다. 흐린 시야가 또렷해지도록 초점을 맞추니 색색의 전구로 크리스마스 장식을 한 집들이 보인다. 눈 쌓인 놀이터에서 장난치는 아이들도 보인다. 드디어 환하게 미소 지으며 손 흔드는 릴리가 보인다. 남자의 눈에서 눈물이 한 방울 흐르고 릴리의 맑은 눈이 그를 지켜본다. 남자도 릴리를 향해 손을 흔든다. 반가움과 기쁨의 손짓이다. 손 흔드는 남자 위로 "누군가에게 그들이 사랑받고 있다는 것을 보여 주세요"라는 자막이 올라온다.

존 루이스 백화점은 해마다 선물에 얽힌 따스한 스토리를 보여 주는 영상과 서정적인 가사의 배경음악 그리고 단 한 줄의 자막으로 선물을 사라는 말을 대신한다. 2017년 크리스마스 광고의 카피는 "그들의 세상을 밝게 빛내 주는 선물"(For gifts that brighten their world)이고, 2016년의 카피는 "모든 이들이 사랑하는 선물"(Gifts that everyone will love)이었다.

여기 소개한 2015년 광고의 배경음악은 노르웨이의 주목받는 작곡가이자 가수인 오로라(Aurora)가 부른 〈세상 반대편에서〉(Half the world away)라는 곡이다. 광고가 이어지는 2분 동안 가수의 몽환적인 목소리가 흐르며 화면에 아늑한 느낌을 더한다.

사람들은 흔히 말한다. 사랑한다는 말을 꼭 해야 아냐고, 말 안 해도 저절로 알지 않냐고. 하지만 분주하고 팍팍한 일상을 살다 보면 내가 누군가에게 사랑받고 있다는 사실을 까맣게 잊어버리게 된다. 오히려 내게만 닥치는 것 같은 힘들고 어려운 일들 때문에 버림받았다고 생각하는 순간이 더 많다. 그러니 사랑한다고 소리 내서 말하자. 작고 소소한 물건이나 음식을 장만해 사랑하는 이에게 선물하자. 당신은 사랑받고 있다고, 당신을 내가 사랑한다고 듣게 하자, 알게 하자. 1년에 한 달 12월만이라도 더 자주, 더 많이!

몇 밤 뒤면 올해를 작년이라는 새 이름으로 부르게 된다. 이미 익숙한 묵은해가 아쉽고, 알 수 없는 새해가 두려운 마음이 나만인 것은 아닐 것이다. 그래도 천억 개가 넘는 항성이 존재한다는 우주에서 운 좋게도 지구라는 같은 별에서 태어나, 45억 년이나 되는 지구의 시간 중

존 루이스 백화점, '달에 사는 남자' 편, TVCM, 2015

노래
/
나는 이곳을 떠나고 싶어.

이 오래된 도시의 냄새는 그렇게 좋진 않아.

그리고 내 마음속에는 경고음이 맴돌고 있어.

내가 만약 견딜 수 있다면 이 행성을 떠나지 않겠지.

하지만 나는 견딜 수가 없어. 내 마음속에서 경고음이 느껴져.

나는 여전히 똑같은 낡은 집 주변을 돌아다니고 있지.

내 몸은 젊다고 느끼지만 내 마음은 아주 늙었어.

네 생각은 어때? 이미 내가 꾸고 있는 꿈들을 네가 줄 수는 없겠지.

너는 저 멀리 세상 반대편에 있어.

난 잊혀졌고 발견되었어, 난 우울하지 않아.

자막
/
누군가에게 그들이 사랑받고 있다는 것을 보여 주세요.

존 루이스

에 기적처럼 같은 시간을 공유한 사랑하는 이들이 있어 한결 마음이 놓인다. 2017년을 꿋꿋하게 살아 내고 나와 함께 새해를 맞을 내 곁의 그들에게, 바로 당신에게… 이 자리를 빌려 고백한다.

사랑해요, 진심으로 사랑합니다.

05

새해 새 소망

미국 독립전쟁이 한창이던 1777년 10월 4일, 조지 워싱턴 장군의 군대는 저먼타운 전투(The battle of Germantown)에서 윌리엄 하우 장군이 이끄는 영국군 본대를 공격했지만 실패하고 후퇴했다. 광고는 패전한 워싱턴 장군의 야전 막사 풍경을 비추는 것에서 시작한다. 찬바람은 불고 군데군데 피워놓은 화톳불만으로는 한기를 쫓기에 역부족으로 보인다. 침울한 목소리로 사상자의 숫자를 확인하고 있는 조지 워싱턴의 막사에 병사 둘이 강아지 한 마리를 안고 들어온다.

"워싱턴 장군님, 캠프에서 이 개를 발견했습니다.
개의 목걸이를 보세요. 이 개는 하우 장군의 것입니다."
병사가 이렇게 말하자 워싱턴 장군 주변의 보좌관들은 냉소 어린 반응을 보낸다.
"어떤 바보가 자기 개를 전쟁터에서 잃어버리지?"
"이 개를 진격하는 병사들의 제일 앞에 마스코트로 내세웁시다."
"이 똥개를 쏘아 버리죠."
부하들은 이렇게 말하는데 워싱턴은 한마디로 딱 자른다.

자막
/
하우 장군은 그의 개를 돌려준 행동을
훌륭한 신사의 고귀한 행동이라고 칭했다.
워싱턴의 편지는 지금도 의회 도서관에 남아있다.

개는 우리 안에 있는 선함을 끌어낸다.

"돌려보내."

"뭐라고요?"

"휴전 깃발을 달아서 이 개를 주인한테 돌려보내."

적군인 하우 장군은 한 번도 자비로운 행동을 한 적이 없다고 말하며 부하 장교는 반발하지만, 워싱턴은 뜻을 굽히지 않는다. 한술 더 떠서 우연히 손에 들어온 하우 장군의 개를 돌려줄 수 있어서 기쁘다는 편지까지 동봉하여 개를 돌려보낸다. 1777년 10월 6일의 일이다. 개를 되찾은 하우 장군은 자신의 개를 귀환시킨 행동은 훌륭한 신사의 명예로운 행위라고 칭송했다. 당시 조지 워싱턴이 하우 장군에게 보낸 편지는 미국 의회도서관에 현재까지 보관되어 있다. 영상의 마지막에는 마치 영화의 엔딩 같은 설명이 이어지면서 다음과 같이 자막이 흐른다.

개는 우리 안에 있는 선함을 끌어낸다(Dogs bring out the good in us).

미국의 개 사료회사 페디그리(Pedigree)가 2017년 4월 방송한 TVCM 내용이다. 페디그리는 "좋은 것을 먹이자"(Feed the good)라는 캠페인을 진행하고 있는데 개가 어떻게 사람 안에 있는 선한 마음을 이끌어 내는지 보여 주기 위해 역사적인 에피소드를 발굴하여 광고를 만들었다고 한다. 강아지가 자연스럽게 연기할 수 있도록 강아지 트레이너를 병사로 분장시켜 영상에 등장시켰다는 후일담을 광고대행사인 BBDO뉴욕은 전하고 있다.

전쟁터에서 주인을 잃은 개 한 마리는, 적이 되어 서로 총을 겨누던 두 장군의 관계를 잠시 개를 잃은 사람과 그 개를 주운 사람으로 변화시킨다. 공격에 실패하고 많은 부하를 잃은 패진 장군 워싱턴. 적장의 개를 품에 안고 무슨 생각을 했을까? 전쟁터로 떠날 때 동구 밖까지 애처롭게 짖으며 따라오던 자신의 개를 생각했을지도 모른다. 잃어버린 강아지를 찾아 며칠씩 온 동네를 찾아 헤매던 어린 시절을 떠올렸을 수도 있다. 그 순간 조지 워싱턴에게 윌리엄 하우는 적장이 아니라 그저 키우던 개를 잃고 상심한 개 주인일 뿐이었다. 주인 잃은 개 한 마리가 전쟁이 억눌러 놓았던 배려 그리고 역지사지의 마음을 잠시나마 되살려 주었다고 해도 지나친 말은 아닐 것이다.

2018년 무술(戊戌)년이 밝았다. 무술년을 천간과 지지로 풀면 황금 개의 해이다. 2018년에 태어난 아기들은 황금 개띠가 되는 것이다. 굳이 황금 개일 필요도 없이 개는 인간과 가장 가까운 동물이다. 농림축산식품부 조사 결과에 따르면 2016년까지 등록된 우리나라의 반려견은 약 107만 1천 마리 정도이다. 하지만 국내 반려견을 키우는 인구는 약 1천만 명에 달하고 실제 반려견 숫자는 400만 마리가 넘을 것으로 애견 전문가들은 이야기하고 있다.

개는 내가 아무리 밤늦게 현관문을 열어도 기다렸다는 듯이 제일 먼저 달려 나와 반겨 준다. 이른 새벽 집을 나설 때는 아쉬워하며 바짓가랑이를 물고 늘어진다. 세상에 나밖에 없는 것처럼 나에게 몰두한다. 내가 키우는 개는 내가 세상에서 가장 소중한 사람이 되는 경험을 선물한다. 개의 입장에서 보면 어떨까? 반려견이 되는 것이 꼭 행복한 일만은 아닐 수도 있다는 생각이 든다. 원하는 것을 먹지도, 마음대로 짖지도 못하고 내키는 상대와 짝짓기를 할 수도 없다. 부모형제와 생이별하여 인간이 쳐놓은 울타리 안에서만 살아야 한다. 사람이라면 절대 선

Guide Dogs NSW/ACT, TVCM, 2010

면접관	이 직업은 누군가가 독립성을 가질 수 있도록 돕는 것입니다. 일주일에 7일 24시간 근무하고 휴가는 없습니다.
지원자 1	오… 음….
면접관	생사가 걸린 결정을 내려야 한다면 어떠시겠어요?
지원자 2	저는 아주 잘할 수 있습니다.
면접관	트레이닝을 10년 받아야 합니다.
지원자 3	(머뭇거리며) 아, 네….
면접관	누구와도 교류하면 안 되고 직선으로만 걸어야 합니다.
지원자 4	무슨 뜻이죠?
면접관	혹시 잘 놀라시나요?
지원자 6	아니오. 공포영화 볼 때만 빼고는요.
면접관	(갑자기 책상을 탁 친다)
지원자 3	(움찔하며 놀란다)
면접관	비스킷 드세요.
지원자 7, 8	(비스킷을 먹는다)
면접관	먹으면 안 됩니다. 이 직업은 유혹을 거부해야 합니다.
지원자 6	보수는 어떻게 되죠?
면접관	사랑입니다. 오직 사랑뿐이에요.
지원자 6	차… 혹시 차는요? 선물은요?
면접관	없어요. 당신은 사랑을 얻을 거예요.

택하지 않을 극한직업이다. 호주의 맹인안내견 서비스 기관인 Guide Dogs NSW/ACT의 광고는 맹인안내견에게 요구되는 무한한 헌신의 자질을 채용 면접 형식으로 재미있게 보여 주고 있다.

어느 입사 면접장, 대기실에 지원자들이 대기하고 있고 안에서는 면접관의 다소 무리한 질문과 요구가 이어진다. 보수는 없고 주 7일 24시간 일해야 한다는 가혹한 조건이 제시된다. 면접이 진행되면서 지원자 모두가 떠나 버리고 대기실에는 아무도 남지 않는다. 남은 것은 오직 작은 강아지 한 마리뿐이다. 어린 강아지는 가혹한 조건만 골라 이야기한 무자비한 면접관 뒤를 쫄랑거리며 기꺼이 따라간다. 그리고 한 줄 자막이 이어진다.

우리는 완벽한 후보를 찾았습니다.

변변한 계획 하나 세우지 못하고 '개의 해'를 맞았는데 개가 주인공인 광고를 보니 새해 소망 하나가 살며시 고개를 든다. 좁은 아파트 안에서 반려견을 키울 자신은 없지만 내 안의 좋은 것, 선한 것을 이끌어내줄 그 무엇을 만나는 것이다. 그 무엇이 사람이라도 좋고 책이나 음악, 그림, 꽃이나 나무라도 좋다. 좋은 것을 가까이 두고 깊이 사귀다 보면 세파에 시달려 희미해진 내 안의 선함을 다시 만나는 날이 올 수도 있을 것 같다. 좀더 욕심을 낸다면, 나도 다른 사람 안에 숨어 있는 '선함'을 이끌어내는 괜찮은 사람이 될 수 있다면 좋겠다.

06

미안해요, 사랑해요

까만 화면에 "미안해"라는 자막이 생겨난다. 뒤를 이어 나타나는 자막이 예사롭지 않다. "아침마다 울게 해서 미안해, 숙제 같이 못 해줘서 미안해." 세 줄 자막이 생겨난 뒤에 배경이 보이기 시작한다. 텅 빈 자동차 안이다. 아무도 앉지 않은 운전석과 조수석이 보인다. 그 위로 자막이 계속 흐른다. "맨날 기다리게 해서 미안해." 그리고 잠시 모든 자막이 사라졌다가 조금 더 큰 크기의 자막 한 줄이 나타난다. "일하는 엄마라서, 미안해." 겨우 자막만 읽었을 뿐인데 눈가가 뜨거워진다. 목구멍으로 왈칵 뜨거운 기운이 올라온다. 2015년에 제작된 기아자동차의 카렌스 광고 이야기다.

또각또각 여자의 구두 발자국 소리가 들리더니 차 문이 열린다. 일과 육아, 살림이라는 짐을 잔뜩 짊어진 워킹맘이 차에 오른다. 차 안에서 그녀는 아이의 태권도 시범을 보고, 우는 아이를 달랜다. 프레젠테이션 준비를 하고, 집에 필요한 살림살이를 사다 나르기도 한다. 그녀에게는 남편도, 하소연하는 부하 직원도 때로는 무거운 짐이다. 이미 어두워진 밤, 퇴근 후 차를 세운 그녀는 차에서 내리기 전에 "휴" 하고

기아자동차, 카렌스, '워킹맘을 위해' 편, TVCM, 2015

자막   미안해.

아침마다 울게 해서 미안해.

숙제 같이 못 해줘서 미안해.

비 올 때 우산 가지고 못 가서 미안해.

맨날 기다리게 해서 미안해.

일하는 엄마라서, 미안해.

Na.   당신은 워킹맘입니다.

당신은 아주 많은 짐을 가지고 있죠.

육아라는 짐. 일이라는 짐. 살림이라는 짐.

남편이라는 짐. 상사라는 짐.

그리고, 미래라는 짐.

그 모든 짐을 다 덜어 드릴 순 없지만

카렌스가 함께 들어 드릴게요.

당신의 어깨가 조금은 더 가벼울 수 있도록.

당신은 워킹맘입니다.

당신은 맘입니다.

자막   Designed for Mom.

2016 CARENS

한숨을 쉰다. 회사에서 퇴근한 뒤 가사와 육아가 기다리는, 집이라는 또 다른 일터로 출근하기 전에 아주 잠깐 심호흡을 하는 것이다.

남의 일 같지 않다. 어디서 많이 보던 풍경이다. 불과 몇 년 전, 나도 저랬다. 이제는 다 커버린 아이들에게 나도 매일 미안한 엄마였다. 광고 속의 주인공보다 훨씬 더 미안한 일, 못되게 군 일이 많은 미숙한 엄마였다. 광고를 보며 새삼 어릴 때의 내 아이들에게 미안해진다.

같은 해에 기아자동차는 워킹맘 편의 시리즈로 카렌스 남편 편과 부하 직원 편을 동영상으로 만들어 방영했다. 보는 이에게 짠한 마음이 들게 했던 워킹맘 편과는 다르게 남편이 등장하는 에피소드는 코믹한 분위기로 웃음을 자아낸다. 사소한 집안일은 늘 아내 몫으로 미루던 얄미운 남편이 아주 중요한 기념일을 잊어버렸다. 아내는 오늘이 무슨 날인지 기억하지 못하는 남편에게 단단히 화가 났다. 그래서 남편에게 들어오지 말라고 선언하고 차 문을 쾅 닫고 나가 버린다. 남편은 화가 난 아내를 따라가지 못하고 잠깐 난감한 표정을 짓더니 이게 웬걸? 콧노래를 부르며 차의 좌석을 모두 접어 넓은 잠자리를 만들고, 침낭을 펴서 편안하게 눕는다. 혼자 있는 남편이 신경 쓰여서 나와본 아내는 천연스레 누워 있는 남편을 보고 기가 막혀 웃는다. 그리고 둘은 나란히 집 안으로 들어간다.

맞벌이하는 아내에게 남편이 미안하다고 고백하는 내용은 사소하지만 꼭 해야 하는 집안일을 하지 않은 것에 대한 사과이다. 하기 싫어서 서로 미루다가 결국은 아내가 하게 되는 일들…. 기념일을 잘 기억하는 남편보다 살림을 분담하는 남편이 훨씬 더 좋은 남편이야, 광고를 보다

기아자동차, 카렌스, '남편이라는 짐' 편, TVCM, 2015

자막	여보, 미안해.
	음식물쓰레기 안 버려서 미안해.
	세탁 끝났는데 자는 척해서 미안해.
	변기뚜껑 안 내려놔서 미안해.
	기념일 까먹어서 미안해.
	짐만 되는 남편이라서 미안해.
아내	정말 오늘이 무슨 날인지 몰라?
	나가! 들어오지 마!
남편	(한숨을 쉬더니 곧 뒷좌석을 펴고 편안하게 눕는다.)
자막	2열, 3열 풀 폴딩 대용량 짐도 문제없는 카렌스의 공간성
	카렌스, 관대한 공간으로 눈치 없는 남편까지 품어 주다.
아내	(비꼬는 말투로) 좋아? 넓어?
자막	Designed for Mom.
	2016 CARENS

가 울컥해서 혼잣말을 한다.

올해의 마지막 달, 달랑 한 장 남은 달력이 홀쭉하다. 올 한 해 동안 가장 가까이에 있는 가족은 물론 다른 이들에게도 알면서 또는 모르면서 내가 저지른 미안한 일은 얼마나 많을까? 남에게 짐이 되는 경우도 없지 않았을 게다. 집에서 키우는 물고기 구피한테도 갑자기 미안해진다. 급하게 출근하느라 아침에 먹이를 주지 않은 날이 꽤 많았다. 구피야, 미안해. 나는 마음을 '착한 사람 모드'로 세팅하고 특별히 미안했던 사람들에게 마음속으로 사과를 보낸다.

우선 엄마 없이 잠들어야 했던 어린 날의 내 아이들에게 사과한다. 야근하느라 저녁 못 차려 줘서 미안해, 소풍날 삼각김밥 먹게 해서 미안해, 엄마가 늦잠 자고 지각하게 해서 미안해, 학원에서 길 잃었을 때 데리러 가지 못해서 미안해…. 다음은 가까이 있기에 오히려 소홀했던 사람들 차례다. 괜찮다고 해도 괜찮지 않은 것 못 알아봐서 미안해, 약속시간에 늦어서 미안해, 내가 하고 싶은 말만 해서 미안해, 아플 때 못 챙겨서 미안해, 늘 그대로 있을 거라고 믿어서 미안해, 사랑한다고 한 번 더 말하지 못해서 미안해….

12월이니까, 크리스마스가 멀지 않으니까 내게 노여운 그대들 모두 용서하기를. 그 용서가 모두 합쳐져 올해를 잘 마무리할 기운으로 내게 전해지기를! 무한한 우주에서 기적과 같은 인연으로 같은 별, 같은 시간을 사는 내 곁의 당신들께 고백합니다.
미안합니다, 그리고 사랑합니다.

07

대학 가서 놀라는 말 믿지 마,
어른 되면 놀라는 말도 믿지 마

밤늦은 시간, 아빠는 아들이 공부하는 독서실로 마중을 간다. 집에서는 얼굴도 보기 힘든 아들이다. 아들은 독서실 건물의 계단을 걸어 내려온다. 아들이 한 층씩 내려와 계단참에 이를 때마다 천장의 센서등이 켜지고 아빠는 아들의 모습을 보며 혼자 중얼거린다. 공부 다하고 대학 가서, 어른 돼서 놀라는 말을 믿지 말라고, 어느 때가 되어도 마음껏 놀기 쉽지 않더라고. 그런 아빠의 속마음을 까맣게 모르는 아들은 왜 왔냐고 퉁명스럽게 한마디 던지고는 혼자 앞서 걸어간다. 긴 육교를 아들은 앞서 걷고, 뒤따라가는 아빠는 민망해서 공연히 허공만 자꾸 쳐다본다. 그 풍경 위로 흐르는 배경음악은 조덕배가 만들고, 몇 년 전 아이유가 리메이크로 다시 부른 〈나의 옛날이야기〉라는 곡이다. 가사가 아빠의 마음같이 들린다. KCC건설의 아파트 브랜드 스위첸의 영상 광고다.

스위첸 광고는 딸에게 진심을 말 못 하는 엄마 마음을 담은 모녀 편도 제작되었다. 엄마가 학원 앞에 차를 세우고 딸을 기다리고 있다. 딸은 친구들과 웃으며 걸어오다가 엄마 차를 보고는 무표정한 얼굴이 된다.

자막	집에선 만나기 힘든 너에게
아빠 O.V	준영아,
	공부 다하고 놀라는 말 믿지 마.
	대학 가서 놀라는 말도 믿지 마.
	어른 되면 놀라는 말도 믿지 마.
	언제가 됐든 마음껏 놀긴 쉽지 않더라.
아들	왜 왔어?
아빠	아니, 그냥.
노래	쓸쓸하던 그 골목을 당신은
	기억하십니까.
	지금도 난 기억합니다.
	사랑한단 말 못 하고 애태우던
	그날들을 당신은 알고 있었습니까.
아빠 O.V	언젠간 말할 수 있겠지?
아빠	천천히 좀 걸어, 아빠랑 같이.
자막	집으로 가는 길, 스위첸
	KCC건설

차 문을 열 때도 핸드폰만 들여다보고 있나. 속으로는 성적이 중요하지 않다고 말하고 싶지만 엄마의 첫마디는 "시험 잘 봤어?"이다. 딸은 들은 척도 안 하고 다른 곳을 쳐다본다. 딸은 차에 내려서도 같이 가자는 엄마를 기다려 주지 않고 한발 앞서 가버린다. 부자 편과 같은 조덕배의 노래가 배경음악으로 깔린다.

아파트 광고라기보다는 중고생 자녀를 둔 엄마와 아빠의 넋두리처럼 보인다. 어디 중고생의 부모뿐이랴! 대학에 가서도 학점이 부족한 아들에게, 취업을 못하고 있는 딸에게, 안개 속 같은 미래 앞에서 방황하는 청춘들에게 많은 부모가 속마음을 말하지 못하고 있다. 행복은 높은 연봉이나 좋은 학벌에 있지 않다는 사실을, 하고 싶은 일을 뒤로 미루기에는 인생이 너무나 짧다는 진실을. 먼 내일을 위해 지금 이 순간을 포기하면 안 된다는, 40~50년 살면서 깨달은 삶의 비밀을 자기 자식에게는 말 못 하고 있는 것이다.

학점을 관리해라, 윗사람이 부당하다고 느껴도 좀 참아라, 되도록 대기업에 들어가라, 입사하면 3년은 버텨라···. 나는 자주 1980~1990년대에 통했던 인생의 꼼수를 내 아이들에게 전파한다. 21세기의 그 아이들은 나와는 완전히 다른 세상에 살고 있다는 것을 잘 알면서도, 모험 대신 최소한의 안전한 선택을 권유하곤 한다. 나는 더 이상 남이 요구하는 기준에 맞추어 살고 싶지 않으면서도 삐뚤어지고 싶은 속마음을 아이에게는 특히 더 숨긴다. 무모해 보이는 모험과 도전을 하는 사람들에게 진심으로 박수를 보내면서도 내 아이가 그렇게 하는 것은 바라지는 않는다. 불행하게도 우리 사회에는 실패했을 때 얼마든지 다시 일어설 수 있는 안전장치가 없기 때문이다.

KCC건설, 스위첸, '현실 모녀' 편, TVCM, 2017

자막	집에선 웃지 않는 너에게
엄마 O.V	미정아,
	친구랑 놀아도 괜찮아.
	성적, 떨어져도 괜찮아.
	학원, 빼먹어도 괜찮아.
	실은 이런 말을 하는
	엄마가 되고 싶었어.
엄마	시험 잘 봤어? 가자!
노래	쓸쓸하던 그 골목을 당신은
	기억하십니까.
	지금도 난 기억합니다.
	사랑한단 말 못 하고 애태우던
	그날들을 당신은 알고 있었습니까.
엄마 O.V	언젠간 말할 수 있겠지?
엄마	(딸의 팔짱을 끼며) 아가씨, 같이 가요.
자막	집으로 가는 길, 스위첸
	KCC건설

거짓말은 아니지만 미안하다. 그러니 아이들에게 스위첸의 광고들을 보여 주며 고백해야겠다. 엄마는 너희들이 살아갈 세상을 잘 모르기 때문에 아주 평범하고 안정적으로 보이는 길을 충고할 수밖에 없다고, 그러니 판단은 알아서 하라고. 어디서 무슨 일을 하든 엄마는 너희들을 믿겠다고….

08

설에는 마음을 주세요!

우리는 해마다 두 번의 새해를 맞는다. 부산스럽게 새해 인사를 하며 양력 새해를 맞은 후 겨우 한 달쯤 지나서 음력 새해가 찾아오면, 마치 처음인 양 다시 새해 복을 비는 덕담을 나눈다. 우리나라 사람들에게 이 두 번째 새해의 의미는 좀더 각별해서 특별한 음식을 준비하고, 멀리 떨어져 사는 가족이 모이고, 주변 사람들에게 선물을 보내기도 한다. 2월의 달력을 넘기니 바로 그 음력 새해가 시작되는 설날이 제일 먼저 눈에 띈다.

어린 시절 설날이 가까워 오면 엄마는 씻어 불린 쌀을 방앗간에 가지고 가서 가래떡을 뽑아 오셨다. 말랑말랑하고 길다란 가래떡을 통째로 들고 한 입 베어 물면, 보드랍고 쫄깃한 하얀 살이 입을 가득 채웠다. 적당하게 굳은 가래떡을 썰 때는 이웃집 아주머니가 와서 도와주기도 했다. 두 사람이 마루에 각자 도마를 펴고 앉아 떡국 떡 모양으로 가래떡을 써는 손놀림은 어린 내 눈에 신기하게만 보였다. 만두를 빚을 때는 한자리 차지해서 손을 보태기도 했다. 만두를 예쁘게 빚어야 예쁜 딸 낳는다는 어른들 말에, 만두를 통통하고 예쁘게 빚으려고 몰게 에를 쓰기도 했다.

설날 아침 마당에 던져져 있던 복조리, 김이 오르던 풍성한 밥상, 떡국을 먹어야 한 살을 더 먹는다고 하던 엄마의 목소리, 낯선 방문객이 나타날 때마다 소란스러워지던 골목길, 세뱃돈 자랑하러 복주머니를 들고 나온 꼬맹이들, 그리고 설날이 지나도 이어지던 한가하고 아득한 겨울방학…. 하지만 몇 해 전부터는 설날이나 추석이 들어 있는 달이 되면 빨간 날의 숫자를 헤아리며 어디론가 떠날 궁리를 먼저 하게 되었다.

음력 설을 겨냥한 시즌성 광고는 중국이나 말레이시아, 싱가포르와 같은 중화권 국가에서 많이 보인다. 멀리 있는 자식들이 부모가 있는 집으로 모이는 장면을 보여 주는 영상이 눈에 자주 띄는 걸 보면 설날에 가족이 모이는 풍습은 우리나라와 비슷한 것 같다. 부모는 정성스럽게 음식을 장만해서 자식이 오기를 기다리고, 자식은 일이나 여행을 핑계로 나타나지 않는 일은 여기나 거기나 마찬가지인지 광고 소재로 자주 등장한다.

보험회사 'AIA 말레이시아'가 2018년 음력 설에 방영한 영상광고를 보자. 치매에 걸린 할머니가 집 안을 둘러보다가 다급하게 할아버지를 찾는다. 할머니는 낮잠을 자고 있던 할아버지에게 묻는다. "내일이 설날인데 왜 집에 설날 장식을 하나도 안 했어?" 그 말을 들은 할아버지는 갑자기 분주해진다. 분가해 살고 있는 아들과 딸에게 설날 음식인 '이상'*을 구해서 저녁을 함께 먹으러 오라고 전화를 한다.

* 이상(yee sang): 중국계 말레이시아 사람들의 설음식. 날생선을 순무, 생강, 말린 오렌지, 라임 잎, 해파리, 고추 등 색색의 채썬 야채와 함께 고소한 땅콩 소스에 버무려서 만든다. 먹기 전에 젓가락으로 높이 들어 올려서 야채와 생선을 소스와 섞는데, 높이 들어 올릴수록 새해에 더 많은 부와 풍요로움이 찾아온다고 믿는다.

할아버지는 전화만 하는 데 그치지 않고 본인이 직접 나가서 장을 보고, 집 안팎에 복을 비는 부적을 붙이고, 반짝반짝 장식등을 매단다. 할아버지가 일하는 동안 할머니는 몇 번씩 같은 옷을 들고 나와서 어떤 옷을 입을까 묻는다.

저녁이 되었다. 할아버지가 붉은 색 설빔을 입은 할머니의 옷매무새를 고쳐 주고 머리를 귀 뒤로 넘겨 준다. 왁자지껄 자식들이 도착한다. 이때, 카메라가 슬쩍 벽에 걸린 달력을 잡는다. 날짜는 6월 8일! 설날은 벌써 몇 달 전에 지났다. 영상을 되돌려 보니 두 사람의 복장은 한여름의 반팔과 반바지 차림이다. 할아버지는 치매인 할머니의 착각에 맞추어 여름에 다시 한 번 설날 장식과 음식을 준비하고 자식들을 모아 저녁 자리를 마련한 것이다. 할아버지의 부름에 군말 없이 달려온 자식들과 노부부가 둘러앉아 저녁을 먹는 모습은 1970~1980년대 내 어리던 날의 설날을 연상시킨다. 할아버지는 말한다. 젊었을 때는 아내가 늘 설날을 준비해서 가족을 행복하게 해주었으니 이제는 가족들이 할 차례라고.

설날 선물을 골라 보려고 백화점 특별코너에 나가 봤다. 넉넉지 않은 예산으로 흔하지 않은 선물을 하려니 결정이 쉽지 않다. 부피는 크고 가격대가 만만해서 부담 없는 참치와 스팸, 식용유 선물세트를 보니 어릴 적 과자종합선물세트가 떠오른다. 군것질거리가 흔하지 않던 시절 달콤한 과자와 초콜릿이 '종합'으로 들어 있는 선물세트를 보면 가슴이 뛰었다. 안에 있는 과자를 나누는 과정에서 형제들 중 하나는 꼭 눈물 바람을 했고, 빈 상자를 서로 가지려고 실랑이도 했다. 1970년에 방송된 해태제과의 선물세트 광고를 찾아 보니 흑백 화면에 고음의 성

남편	금붕어는 참 단순한 삶을 산다.
	하는 일이라고는 그저 둥글게 원을 그리며 돌아다니는 것뿐이다.
	하지만 왠지 그들은 여전히 행복해 보인다.
자막	마음으로부터, 처음부터
아내	여보? 여보? 설날 장식이 다 어디 있어?
	(낮잠 자는 남편을 깨우며) 여보, 좀 일어나요.
남편	일어났어요? 오늘은 기분이 좀 나아?
아내	설날이 내일인데 왜 아직 장식을 안 했어?
남편	(큰아들에게 전화로) 네 엄마가 가족들 모여서 저녁 먹자고 한다.
큰아들	알았어요, 갈게요.
남편	(작은아들에게 전화로) 오늘 저녁에 '이상'을 좀 가져와.
작은아들	네? 이상이요?
남편	애 좀 써봐.
작은아들	알았어요, 해 볼게요.
남편	(딸에게 전화로) 네 엄마가 오늘 저녁에 가족들과 함께 저녁을 먹고 싶어 해.
딸	네, 최대한 빨리 갈게요.
아내	(옷 두 개를 가지고 나와 묻는다) 어느 게 더 좋아요?
남편	이쪽 거.

AIA 말레이시아, '설날' 편, TVCM, 2018

아내	(또 같은 옷 두 개를 가지고 나와 묻는다) 어느 게 더 좋아요?
남편	(짜증내지 않고 웃으며 같은 대답을 한다) 이쪽 거. 하하.
아내	당신 좀 쉬는 게 좋겠어.
남편	내 걱정은 말아요. 어린애도 아니니.
이웃집 남자	(집 앞에 장식을 다는 남편에게) 무슨 일이야?
	뭐 축하할 일이라도 있어?
남편	아냐, 내 아내가 오늘이 설날 전날이라고 생각해.
	그래서 하는 거야.
	이건 우리가 할 수 있는 최소한이야.
	아내는 언제나 우리를 위해 특별한 설날을 만들어 줬지.
	이제 우리 차례야.
	(자식들이 도착하고 남편은 아내의 옷매무새를 매만져 준다)
남편	나는 당신이 항상 거기 있어 줘서 정말 고마워.
	비록 우리가 똑같은 원을 그리며 헤엄을 치고 있다고 해도
	당신은 여전히 나를 행복하게 해.
	그래서 나도 당신을 행복하게 해주기 위해 항상 최선을 다할 거야.
	달력이 언제인지는 상관없어.
자막	행복은 당신이 사랑하는 것들을 당신 곁에 두는 것입니다.

해태제과, 해태종합선물세트, TVCM, 1970

여　　연말연시 이때만 되면
　　　힘에 겨운 겉치레 선물 소동 때문에 야단이죠?
남　　그러나 해태제과의 갖가지 선물용 과자는
　　　받아서 흐뭇하고 주어서 보람찬 선물입니다.
여　　연말연시 선물로는
　　　온 가족이 함께 즐길 수 있는
　　　해태과자의 해태 선물을 꼭 잊지 마세요!
어린이　여러분, 새해 복 많이 받으세요.

우 목소리가 촌스러우면서도 정겹다. 기교를 부리지 않고 현실을 솔직하게 이야기하는 카피도 알아듣기 쉬워서 좋다.

눈을 현재로 돌려 올해 방송되고 있는 설날 광고를 찾아보았다. AIA 말레이시아처럼 긴 호흡의 스토리를 보여 주며 설날의 정서를 환기하는 광고는 눈에 띄지 않았고, 스팸에서 노트북까지 다양한 종류의 설날선물 광고가 대부분을 차지하고 있었다. 그중 정관장 설날선물 광고의 카피 한 줄이 마음에 와닿았다. 정관장은 다양한 사람이 저마다의 이유로 정관장을 사는 모습을 시리즈 광고로 제작해서 보여 주고 있는데 "설에도 마음을 주세요"라는 카피로 일관성을 살리고 있다.

어떻게 하는 것이 마음을 주는 것일까? 어떻게 하면 내가 마음을 주고 있다는 사실을 알릴 수 있을까? 몇십만 원 하는 비싼 선물을 하면 광고에서 말하는 것처럼 힘내라는 마음, 고마운 마음, 건강하라는 마음이 전해질까? 어떤 보상을 바라거나 최소한의 인사치레로 보낸 선물이라면 거기에 따라오는 불편한 마음도 받아야 할까? 여든이 훅 넘은 우리 엄마, 명절에도 정관장은커녕 치과에 안 간다고 잔소리만 하는 딸이 주는 마음을 아실까? 평생 내 편이라고 믿고 있지만 내게서 식용유 선물세트 하나 받은 적 없는 친구는 내가 주는 마음을 느낄까? 말하지 않아도 알 수 있고, 물건으로 증명하지 않아도 느껴지는 마음이라는 게 존재할까?

설이 다가온다. 다행히 갑이 아니라 마음 없는 선물을 받을 일이 없고, 날라리 을이라 마음 없는 선물을 무리해서 광고주에게 할 필요도 없다. 순수하게 선물을 주고 싶은 사람들이 떠오른다. 나누고 싶은 '메이

정관장, '19년 설: 아이' 편, TVCM, 2019

직원 Na.	오랜만에 꼬마 손님이 왔네요.
아빠	저희 딸이….
직원	누구한테 주려고?
딸	엄마가 요즘 많이 힘든가 봐요. 같이 놀아줄 힘도 없대요.
직원	엄마가?
직원 Na.	매일 녹초가 되는 엄마가
	아이 눈에도 안쓰러웠나 봅니다.
	힘이 되고 싶은 가족에게
	그 마음 잘 전해지길 바랍니다.
	설에도 마음을 주세요.

드 인 정이숙' 표 선물을 떠올려 본다. 직접 만든 비누와 향초, 엄나무
꿀에 절인 수삼, 식초·간장·설탕에 절인 비트 피클, 국산 깨와 잣을
꿀에 버무려 만든 강정, 물에 불려 삶아 놓은 시래기, 유기농 귤껍질을
식초에 씻어 말려 볶은 귤껍질차···. 나열하고 보니 내 마음이라는 것
이 저토록 작고 초라하고 품은 많이 드는데 없어도 그만인 것들이구
나, 안쓰러운 생각이 든다.

그래도 나는 설날에는 그런 것들로 내 마음을 주고 싶다.
그리고 당신이 내게 주는 더 작고 깊은 마음을 받고 싶다.

차가운 그녀의 목소리에도
내 심장은 식지 않는다

눈보라 치는 산에서 한 남자가 독백한다. 굳은 표정, 눈을 만지는 손이
외롭다.

그날
하늘은 유난히 푸르렀고
새하얀 눈이 모든 숲을 덮었다.
가장 아름답게 별이 반짝이던
모든 것이 완벽한 겨울이었다.

겨울이 아니라면 준비해간 도시락을 펴놓고 먹었을 나무 테이블과 의
자에는 고드름이 주렁주렁 달려 있다. 눈 덮인 등산화의 지퍼 고리에
는 반지가 하나 매달려 있다. 자막에 보이는 시간은 오전 11시. 카메라

가 빠져서 보니 남자는 테이블 위에 조각처럼 서있다. 누구를 기다리는 것일까? 손을 모아 입김을 불어 보고 패딩에 달린 모자를 뒤집어 쓴다. 독백이 자막과 마음속의 음성으로 이어진다.

am 11:00
벌써 세 시간째.
끝없는 기다림.
기다릴 준비는 되어 있다.
언제까지라도.

남자는 몸을 돌려 눈 쌓인 산길을 걷는다. 시간은 무정하게 흘러 오후 3시 35분. 전화를 건다. 신호는 가는데 받는 이가 없다. 사연을 짐작하게 하는 자막이 흐른다.

pm 3:35
그녀와의 체감온도 영하 30도.

남자의 얼굴이 클로즈업된다. 눈을 감는다. 그는 길고 아름다운 속눈썹을 가졌다. 카메라가 조금 뒤로 물러나서 남자가 있는 곳을 보여 준다. 아마도 그녀가 안에 있을 것으로 생각되는 통나무집 지붕 위에 남자는 누워 있다. 남자가 애타게 기다리는 여자는 대답이 없는데 남자는 애써 여자의 차가움에 얼지 않는다고 혼잣말을 하다.

차가운 그녀의 목소리에도
내 심장은 식지 않는다.

오후 4시 50분. 나뭇가지 위에 핀 눈꽃이 바람에 흔들린다. 남자는 눈
을 한 움큼 쥐어 입으로 가져간다. 마치 눈이 그녀가 좋아하던 피스타
치오라도 되는 것처럼 한 입 베어 문다. 공연히 발길질을 해서 눈바람
을 일으켜 본다. 왕관 같은 뿔을 가진 순록 한 마리가 남자를 물끄러
미 쳐다본다. 순록의 눈빛은 사랑이 떠났다는 사실을 남자보다 먼저
알고 있다.

pm 4:50
그녀가 좋아하던 피스타치오.
달콤했던 추억을 안고
이 겨울이 지나가고 있다.

새벽 6시. 남자는 꼬박 밖에서 밤을 지샌 걸까? 눈보라는 여전하고 멀리 산봉우리는 눈과 구름에 가려졌다가 보였다가를 되풀이한다. 남자는 손에 꼭 쥐고 있던 시계를 던져 버린다. 그리고 단호한 몸짓으로 실연을 받아들인다. 새로운 시작을 예고하는 표정이다.

새벽 여섯 시
찬바람 샤워.
이젠 그 어떤 차가움도 피하지 않을 것이다.
그날 나는 그녀를 잃고
세상의 어떤 혹한에도 맞설 수 있는 용기를 얻었다.
혹한은 끝났다.
마음의 추위까지 막아 주는 빈폴 아웃도어 도브 다운.

빈폴 아웃도어, '그 겨울의 씬' 편, 홍보영상, 2014

김수현을 모델로 기용하여 2014년에 제작된 빈폴 아웃도어의 홍보 영상이다. 감성멜로 "그 겨울의 씬"이라는 제목으로 3분 넘는 길이의 영상이 만들어져 유튜브를 통해 유통되었고, 15초와 30초로 편집되어 방송광고로도 쓰였다.

스산한 풍경, 무표정한 모델의 얼굴을 3분 가까이 지켜보다가 "혹한은 끝났다"라는 내레이션을 듣는 순간 가슴이 쿵, 떨어졌다. 사랑을 잃고 눈보라 속에서 밤을 새운 아름다운 청년의 얼굴에 내 아이들의 얼굴이 걸쳐지다. 이제껏 이디선께 내 이들들도 지 청년지림 사랑을 잃은 닐이 있겠지? 아니다, 벌써 몇 번이나 있었겠다. 어느 낯선 골목에서 밤새 서성거렸을 아이를 상상만 해도 내 마음이 저민다. 아득히 먼 옛날 내 집 앞에서 밤새워 서있던 소년도 떠오른다. 지금은 이름도 잊어버린 그 소년, 흔들리던 눈빛은 아직도 또렷하다. 어쩌면 광고의 주인공처럼 밖에서 혹한의 날씨를 맞닥뜨리는 일이 따뜻한 방 안에서 마음속의 눈보라와 마주하는 일보다 나을지도 모르겠다. 물리적인 추위와 싸우느라 마음의 추위는 오히려 비현실적인 것으로 느껴질 테니까. 손이 얼고 발이 얼고 머리카락 한 올까지 얼어 버릴 것 같은 혹한이라면 사랑 따위는 아무래도 상관 없는 하찮은 일처럼 느껴질 수도 있겠다.

얼마나 추울까 겁을 잔뜩 먹고 지난겨울을 맞았다. 한 해 전, 혹한에 고생했던 기억 때문이다. 지구온난화 탓인지 나이 탓인지 해마다 여름은 더 더워지고 겨울은 더 추워지는 듯하다. 다행히 큰 추위 없이 겨울이 지고 있다. 하지만 현실의 날씨와 마음의 날씨는 많이 달라서 어느 해보다 춥고 바람 부는 겨울을 견뎌야 했다. 마음 주었던 친구에게 배신당했고 믿었던 이를 의심하게 되었다. 주워 담지 못할 거짓말을 퍼뜨리고, 제 삶에 몰입하는 대신 남의 삶을 염탐하는 속물도 보았다. 상처를 다스리기 위해 겨울 한 달, 나는 내 마음을 혹한에 세워 두었다. 사람을 만나는 일, SNS에 글을 올리는 일이나 단체 카톡방에서 대화를 하는 일을 중단했다. 대신 생각하고 또 생각했다. 마음속에 태풍이 일고 눈보라가 불었다. 분노와 후회가 만든 바람이고 서운함이 낳은 눈폭풍이었다. 나를 되돌아보았고 남에게 상처를 주었을 경솔한 내 행동을 반성하기도 했다. 더디지만 시간은 흘렀고 눈보라는 내 안에서 잦아들었다.

광고 속의 남자가 느꼈던 것처럼 그 친구와의 체감온도는 영하 30도였지만, "차가운 그녀의 (들리지 않는) 목소리에도 내 심장은 식지 않"았다. 마침내 겨울이 끝났다. 내 마음속의 혹한도 끝이 났다. 이 겨울 나는 나쁜 친구 하나를 잃고 "세상의 어떤 혹한에도 맞설 수 있는 용기를 얻었다".

봄, 봄이 바로 코앞에 와있다.

겨울에서 봄 사이

/

01

포스트 포스터

국회의원을 뽑는 선거일이 이틀 앞으로 다가왔다. 아파트 담벼락에 붙은 선거 포스터를 보며 출근한 지도 열흘이 넘었다. 걸음을 잠시 멈추고 벽보 속의 인물들을 살펴보았다. 각 당별 상징색을 메인 컬러로 삼아 후보자의 얼굴을 크게 부각한 포스터들이 나란히 붙어 있다. 준비된 일꾼, 큰 일꾼이라는 자랑부터 정의를 위해 목숨을 바치겠다는 비장한 각오까지 벽보 속 후보들이 활짝 웃으며 다짐하고 있다. 포스터 속의 다짐대로만 된다면 누가 뽑히든 "대한민국이 바뀌"고 내가 사는 구가 "잘 살게" 되고 "희망을 주는 깨끗한 정치"가 실현될 것만 같다.

드라마나 광고를 패러디한 재미있는 선거 포스터는 SNS에서 자주 볼 수 있다. 시청률 최고의 드라마 〈태양의 후예〉가 단연 패러디 대상 1위이고, 박카스나 초코파이 광고도 패러디 홍보물의 인기 메뉴로 등장하고 있다.

초등학교가 국민학교이던 내 어린 시절에는 유난히 포스터를 그려 오라는 숙제가 많았다. 불조심, 저축 장려, 반공, 산림녹화, 가족계획, 혼

분식 장려는 물론, 쥐잡기 운동을 알리는 포스터까지 그려야 했다. 그림에 소질이 없었던 내게 포스터 그리기 숙제는 언제나 곤혹스러운 일이었다. 그래서 어려운 그림보다 포스터에 들어갈 표어에 더 공을 들였다. 그 전략은 가끔 효과가 있어서 "쥐가 내 밥을 훔쳐 먹어요!"나 "돼지 서금통이 진짜 돼지가 됐어요!"를 적어 넣은 쥐잡기 포스터와 저축 장려 포스터가 우수작으로 뽑혀 교실 뒤 게시판에 걸리는 일도 가끔 있었다. 제일 그리기 싫었던 포스터는 산아 제한을 독려하는 포스터였다. "딸 아들 구별 말고 둘만 낳아 잘 기르자"라는 표어가 흔하게 들리고 "셋부터는 부끄럽습니다"라는 헤드라인의 광고가 신문에 실리던 시절이라 4남매인 우리 집이 야만 가족처럼 창피하게 느껴졌기 때문이다.

광고를 업으로 삼는 지금 내게 선거 포스터를 만드는 숙제가 주어진다면 어떻게 만들까? 아마 포스터의 주타깃인 유권자가 어떤 정치인, 어떤 공약을 원하는지를 먼저 조사할 것이다. 그리고 후보자의 장단점을 분석하여 단점은 최대한 방어하고 장점을 부각할 수 있는 콘셉트를 뽑아낼 것이다. 경쟁 후보자가 어떤 말을 하는지도 잘 살펴서 그들과 차별화할 수 있는 카피와 그림을 만드는 데 공을 들일 것이다. 후보자의 지향점과 유권자 희망사항의 공약수 중에서 가장 자극적인 소재를 골라 포스터의 전면에 내세우자고 주장할 것이다. 그리고 새벽까지 이어지는 아이디어 회의 끝에 좁혀진 서너 개의 포스터 시안을 의뢰인인 후보자에게 제시하면 몇 번의 수정 작업 혹은 재시안 작업을 거쳐 포스터가 완성될 것이다. 이렇게 상상은 하지만 별로 하고 싶지는 않은 일이다.

포스터(poster)라는 말의 어원은 기둥이라는 뜻의 포스트(post)라고 한다. 많은 사람들이 볼 수 있도록 기둥이나 말뚝에 붙여 놓았기에 붙여진 이름이다. 포스트에는 기둥이라는 뜻 말고도 접두사로 '후'(後: 다음, 뒤)라는 뜻도 있다. 기둥 대신 벽에 붙은 선거 포스터를 보며 선거가 끝나고 난 뒤를 생각해 본다. 선거가 끝나면 포스터는 철거될 것이다. 어쩌면 천지에 선거 포스터는 자취도 없어지고 뻗쳐오르던 우리들의 소망이 서운케 무너질지도 모른다. 포스터가 떼어지고 말면 그뿐 내 4년은 다 가고 말아 하냥 섭섭해 울게 될지도 모른다. '천지에 모란은 자취도 없어지고 / 뻗쳐 오르던 내 보람 서운케 무너졌느니 / 모란이 지고 말면 그뿐, 내 한 해는 다 가고 말아 / 삼백 예순 날 하냥 섭섭해 우웁내다'하고 노래했던 영랑의 시처럼…. 선거가 끝난 뒤에 포스터에 쓰였던 약속들이 지켜지지 않는다면 그렇게 될 것이다.

그래서 우리는 선거 후에도 포스터의 약속을 기억해야 한다. 당선자뿐 아니라 그 포스터를 본 모든 유권자도 그 약속을 기억하고 약속을 지키는지 감시해야 한다. 약속을 지키지 못했다면 다음 선거에서 심판해야 한다. 내가 지지하는 후보의 당선 여부와 상관없이 우리 모두 선거 후, 즉 '포스트 포스터'를 준비해야 한다.

02

아무도 울지 않는 이별

며칠 전 페이스북에 친구가 링크한 유튜브 동영상을 보았다. 친구가 붙인 제목은 "JWT 마지막 날". 최근 폐업한 WPP 계열의 외국계 광고대행사 JWT의 직원들이 자신들이 다니던 회사에서 한꺼번에 거리로 내몰리며 만들어 올린 영상이다. 그 속에는 JWT의 직원들이 함께한 순간들이 담겨 있었다. 노래 부르고 박수 치고 웃는 모습들, 한곳을 바라보는 직원들, 생일 케이크의 촛불을 끄거나 점심을 같이 먹거나 야근하는 모습…. 모두 여느 광고회사와 다르지 않은 풍경들이다.

WPP 그룹은 해마다 세계 광고·마케팅 기업 순위 1, 2위를 다투는 대제국이다. 270여 개의 자회사를 거느리고 있고, 103개국 1,400여 개사무소에 7만여 명이 일한다. 우리나라에서 JWT는 최근까지 KT&G, 서울우유, 리드코프, 국민은행 등의 광고를 대행하며 광고회사의 취급고 순위에서 꾸준히 10위권 안에 드는 회사였다. 1위부터 5위까지의 광고대행사가 모두 대기업 계열의 인하우스 에이전시인 점을 감안하면꽤 좋은 성적을 유지해 왔다. 그런 회사가 하루 아침에 문을 닫았다.

비자금을 조성해 광고주에게 뒷돈을 건넨 혐의로 검찰 수사를 받고 있고 그 과정에서 전·현직 대표가 구속된 것이 폐업의 원인이다. JWT 노동조합에 따르면, 회사는 지난 3월 검찰 조사가 시작된 후 누차 직원들에게 동요하지 말고 각자 업무에 충실할 것을 당부하면서 투명하고 공정한 모습으로 재탄생할 것을 약속해 왔다고 한다. 그러나 약속과는 다르게 폐업을 계획하였고 임원 회의에서 대표이사 대리인이 6월 중 폐업할 계획을 밝힌 후에도 이를 직원들에게 공식적으로 발표하지 않고 '먹튀'를 준비했다는 것이다.

우여곡절 끝에 직급에 따른 보상금을 지급하기로 합의하고 JWT는 문을 닫았다. 직원 90여 명 중 해외광고주를 담당하고 있던 20여 명은 WPP의 다른 계열사로 옮겨 갔다. 나머지는 각자도생의 길을 찾아야 한다. 쉽게 재취업을 할 수 있는 사람은 많지 않을 것이다. 연차가 너무 많아도 연차가 너무 어려도 받아줄 회사는 드물다.

다시 유튜브의 "JWT 마지막 날"을 재생해 본다. 지인들의 얼굴이 보인다. 위로의 문자메시지도 차마 건네기 어렵다. 이런 일을 겪기엔 너무 어려 보이는 얼굴도 있다. 그늘 없는 업계 후배들의 마음에 상처가 될 일이 생긴 것이 광고계의 만성적인 부조리함을 참고 받아들여온 내 탓도 있는 것 같아 미안하다.

다행히 그럴 기회가 없었을 뿐이지, 광고주가 광고대행 기회를 주는 대신 뒷돈을 달라고 했다면 나도 줬을 것이다. 골프든 비싼 식사든 향응을 원했다면 거절하기 어려웠을 것이다. 광고대행 수수료를 받은 뒤 일정 비율을 돌려 달라고 요구하는 광고주를 직접 목격하기도 했다. 여러 회사를 불러 1차, 2차에 걸쳐 마케팅 기획안과 광고 시안을 받는 경쟁 프레젠테이션을 시킨 뒤에 '생각해 보니 아직 광고할 때가 아닌 것 같다'고 뻔뻔스럽게 얘기하는 광고주도 겪었다. 대행 계약을 하고 시안만 수십 차례 받으면서 광고 집행을 하지 않은 광고주도 보았다.

그런 황당한 갑질을 당하면서도 광고인들은 참 무던히도 참았다. 혹시나 다음 기회가 있을까 생각해서 참고, 다른 광고주한테 싸움꾼으로 소문이 날까 참고, 귀찮아서 참았다. 그 인내의 끝이 광고주한테 버림받거나 회사에서 구조조정되거나 아예 회사가 문을 닫아 버리는 것이라니 내가 평생 붙들고 있는 광고라는 일이 참 쓸쓸하다.

영상은 JWT 직원들이 서로에게 건네는 말로 끝이 난다.
"모두 건강하고 행복하세요."
"그동안 수고 많으셨습니다."
"어디서 뭐가 되든 JWT에서보다는 잘됩시다."
입사 날은 모두 다른데 똑같은 퇴사 날짜를 가지게 된 사람들, 씩씩하게 울지 않는 사람들, 애써 파이팅을 다짐하는 사람들, 업계의 내 동료이자 선배이고 후배인 그들…. 그들에게 마음 깊은 곳에서부터 연대의 박수를 보낸다.

03

한여름, 폭탄에 떨고 있는 마음

남들과 똑같이 겪는 여름인데 남보다 더 덥게 느껴진다. 작년까지 나를 찾지 않던 모기가 나만 골라서 문다. 겨우 잠이 들었다가 두 시간을 못 자고 깨기 일쑤다. 하루에도 몇 번씩 등줄기에 화끈한 열이 지나가고 얼굴에 열꽃이 피기도 한다. 아, 이런 거로구나! 말로만 듣던 갱년기 증상이 내게도 찾아왔다. 그것도 전국에 폭염특보가 내려지고 열대야가 스무 날 넘게 이어지고 있는 한여름에…

식구 중에 제일 말랐는데 지방을 품고 사는 엄마보다 훨씬 더 더워한다. 끝이 보이지 않는 구직 활동 대신 창업을 해 보겠다고 집에 들어앉았다. 컴퓨터 2대와 모니터 2개를 켜 놓고 하루 종일 뭔가를 한다. 미세먼지 때문에 창문은 절대 열지 않는다. 뉴스에 나오는 우리나라의 미세먼지 농도가 외국 사이트에서 발표하는 농도보다 항상 낮다는 증거를 들며 "미세먼지 보통"이라는 대기오염 정보를 믿지 않는다. 우리 집 큰아이 얘기다. 그래서 아이의 방 기온은 집 안의 다른 곳보다 3도쯤 높다. 아이는 창업의 일꾼답게 새벽까지 일하다가 집에서 유일한 에어컨이 있는 거실에 나와서 잔다. 물론 에어컨을 켜고.

갱년기 엄마는 후끈한 내 안의 열기보다 전기요금 고지서가 무서워 일어나자마자 서둘러 에어컨을 끈다. 컴퓨터 서버 하나 더 켰을 뿐인데 3만 원이 더 나왔던 몇 달 전의 고지서를 기억하는 탓이다. 겨우 달걀프라이를 하나 하는데 이마에 땀이 송글 맺힌다. 국을 끓이려면 에어컨을 켤 수밖에 없다고 스스로 변명하며 에어컨의 전원 단추를 누른다. 국에 넣을 파를 썰며 다시 전기요금 고지서를 걱정한다.

한 달 넘게 마음속에 '전기요금 폭탄'이라는 걱정을 안고 살다가, 전기요금 누진제를 한시적으로 완화해 요금 부담을 낮춘다는 속보를 들었다. 마음 놓고 하나뿐인 에어컨을 틀어도 되겠다고 기뻐했다. 처음으로 수첩공주 그분이 가진 제왕적 지시의 힘에 감사의 마음을 가졌다. 오전까지도 '전력 수급 안정과 전력 다소비가구 감세 논란' 때문에 누진제 완화는 어렵다던 산업통상자원부가 아니던가! 발표가 난 저녁엔 안심하고 밤새 에어컨을 켰다.

그런데 아침에 깨어 뉴스를 보니 폭탄이 사라진 게 아니었다. 하루에 8시간 에어컨을 틀었다면 종전 요금은 37만 원, 이번 조치로 줄어든 요금은 34만 원이란다. 하루에 한 시간쯤 에어컨을 더 틀 수 있는 정도의 할인이란다. 우리집은 24시간 내내 덥다. 무럭무럭 늙어가는 엄마와 미래가 불투명한 아들은 24시간이 240년처럼 더 덥다.

폭탄보다 더 기막힌 뉴스도 있다. 작년 영업 이익 11조 원을 넘긴 한전은 주주들에게는 1조 9천억 원의 배당금을, 임직원들에게는 3,600억 원의 성과급을 지급했다. 정부의 누진제 완화에 사용되는 비용 4,200억 원을 훨씬 넘는 액수다. 한전이 진 107조 원의 빚은 아

남
/
아무리 더운 날도 아이들은
뛰어놀아야 합니다.
셰프들은 불 앞에 서야 하죠.
작가가 펜을 놓거나
청춘이 사랑을 멈출 수 있나요?

여
/
아무리 더운 날도
세상은 움직이고 있습니다.

LG전자, 휘센 듀얼에어컨, TVCM, 2016

직 갚지 않았단다.

갱년기 아줌마가 바보라서, 폭탄 요금 고지서대로 조용히 납부하는 건 아니다. 뜻을 펼칠 일자리를 제 힘으로 만들려는 청년이 멍청해서, 죽도록 더운데도 에어컨을 끄자고 사정하는 엄마 말을 듣는 것도 아니다.

아무리 더워도 국을 끓이고, 일을 해야 한다. 성과급 한 푼 못 받는 프리랜서 카피라이터도 알고 있는 세상의 이치다. "아무리 더운 날도 세상은 움직이고" 있고 움직여야 한다는, 에어컨 만드는 회사도 아는 진실을 왜 이 정부는 모른 척 외면하는지 답답하다. 마음 놓고 에어컨을 켤 수 있는 나라에 살고 싶다. 저희들 성과급을 줄여서라도 서민의 전기요금을 줄여 주는 정부를 갖고 싶다. 내년 대선 때까지 이 여름의 폭탄 고지서를 아줌마도 청년도 집에 넉넉한 월급봉투를 가져다주지 못하는 가장도 반드시 기억해야 한다. 허락된 한 표의 힘으로 꼭 복수해야 한다.

04

거짓말 거짓말 거짓말

첫 번째 거짓말.

언제였던가? 내 나이 너무 어려 모든 첫사랑의 비극을 이기지 못하고 헤어질 때, 떨어지지 않는 발길 이 악물고 돌아서며 약속했다. 남은 생애 오직 그대만을 사랑하리라, 눈 뜨고 눈 감을 때마다 그대를 떠올리리라…. 당연히 그 맹세는 지키지 못했다. 남들도 다 먹는 세 끼 밥인데 그 밥 먹고 사는 일에 휘둘려 여유가 없었다. 세상살이 무엇 하나 녹록하지 않아서 이루지 못한 첫사랑은 오히려 술자리에서조차 호사였다. 이제 와 생각하면 전혀 심각할 것 없는 이유로 갈라서며 차마 아쉬워 영원에 걸던 다짐, 처음부터 지키지 못할 거짓말이었다. 나는 거짓말쟁이다.

두 번째 거짓말.

중학생이던 큰아이는 확신에 차서 말했다. "돈으로 못하는 일은 없어요. 사랑도 돈만 있으면 가능해요." 엄마인 나는 아이보다 더 확신 있는 목소리로 말해야 했다. "그렇지 않아, 돈으로 못하는 일이 훨씬 더 많아." 그러나 그 아이가 대학을 졸업하도록 돈으로 할 수 없는 일의 명백한 증거를 대지 못하고 있다. 불행하게도 돈이 점점 더 큰 권력을 가지게 되는 세상을 목격하고 있다. 나는 거짓말을 한 엄마가 되고 말았다.

세 번째 거짓말.
"어쩜, 얼굴이 하나도 안 변했다!", "도대체 뭘 먹는 거야? 더 예뻐졌어" 10년 만에 만나는 친구에게 흔히 건네는 인사다. 기분 나쁘지 않은 뻔한 거짓말이다. "보고 싶다, 조만간 얼굴 보자", "언제 밥 한번 먹자" SNS로 소통하는 지인들에게 하루가 멀다 하고 습관처럼 보내는 메시지이다. 5년 안에 지킬 확률 50% 이하의 하얀 거짓말이다.

네 번째 거짓말.
책상 밑에 오래되고 낡은 공사 현장 작업화를 간직한 은행원을 주인공으로 TVCM을 만든 적이 있다. 민영화되는 한국산업은행의 광고였다. 국책은행이었을 때 국가경제에 기여했던 바를 자랑하고, 민영화 이후에 더 큰 일을 하겠다는 각오를 30여 년 근무한 행원의 입을 통해 다짐하는 내용이었다.

광고를 내보내고 겨우 7년 만인 2016년, kdb산업은행은 대우조선해양 비리에 연루되어 언론에 오르내렸다. 내가 산업은행 광고를 만들던 때의 다짐은 전혀 지키지 않은 것 같다. 내 얼굴이 화끈거린다. 내가 쓴 카피는 거짓말이 되었다.

그리고 변명.
하지만 나는 나의 모든 거짓말을 염치 좋게도 용서하기로 했다. 거짓말

Na.

/

은행원인 그에게는

첫 월급으로 산 작업화가

하나 있습니다.

그가 멋진 정장구두 대신

이 신을 신고 산업 현장을 뛰는 동안,

우리는 조선대국이 되었고

가장 앞선 반도체를 만들었고

정보통신강국이 되었습니다.

그는 내일도 이 작업화를 신고

더 큰 세상으로 나갈 것입니다.

은행을 넘어,

kdb산업은행

kdb산업은행, 기업PR, TVCM

과 참말의 경계가 없으신 전 대통령 덕분이다.

"국가 차원의 대형사고에 대해 국가안전처를 신설하고, 만에 하나 사고가 나면 즉시 전문팀을 파견해서 현장에서 사고에 대응토록 해야 할 것입니다. 이 부처는 재난안전 전문성을 갖춘 전문가 조직으로 확실히 만들 것이며, 이를 위해 순환보직을 제한하고 외국인 전문가 채용까지 고려하도록 할 것입니다."

2014년 4월, 세월호 사고 이후 국무회의에서 전 대통령이 하신 말씀이다. 그 지시에 따라 1만 300여 명이 근무하는 국민안전처가 생겼다. 그리고 2년이 채 되기 전에 경주에서 역대 최대 규모의 지진이 일어났다. 지진 앞에 국민안전처는 무력했다. 홈페이지는 먹통이 되었고 재난 문자는 늑장 발송되었다. 우리나라가 지진 안전국이라는 믿음 때문인지 국민안전처에 지진 전문가로 불릴 만한 직원은 단 한 명뿐이었다. 지진만 문제가 아니다. 대통령의 약속과는 달리, 국민안전처가 2년 동안 채용한 재난재해 전문가는 40명에 불과하다고 한다.

국민의 안전을 담보로 한 엄청난 거짓말에 비하면 내 사소한 거짓말 정도로는 지옥에 가진 않을 것 같아 안심이다. 그러나 죽어 지옥에 가기 전에 나와 사랑하는 가족들이 살아갈 이 땅이 진짜 '헬대한민국'이 될 것 같아 두렵고 불안하다.

05

사소한 불행을 소원하는 마음

허공에는 맑은 하늘이 가득 차있다. 표정을 바꾼 거리에는 순한 바람이 가득 차고, 그 바람 비껴 지나는 나무들 사이엔 따사로운 햇살이 가득하다. 쉬지 않고 일했는데 곳간은 비어 있고 추수할 열매도 별로 없지만, 가을이다.

지금은 그만둔 회사 근처, 점심시간에 자주 가던 길모퉁이 칼국수집은 그대로 있을까? 매일 보면서도 쪽지를 적어 살짝 책상에 올려 두던 여고 시절 단짝은 어디 살고 있을까? 어릴 때 귀신일지도 모른다고 생각했던 무서운 옆집 할머니는 아마 돌아가셨겠지? 계절 탓인지 정처 없는 상념이 꼬리를 문다. 궁금한 안부와 보고 싶은 얼굴들, 부르고 싶은 이름과 그리운 장소가 마음을 가득 채운다. 다들 잘 지내고 있을까? 나는 잘 지내고 있는 걸까?

나이가 드니 사는 게 어렵고 두렵다. 복권 당첨이나 세계일주 같은 행운 대신 '오늘도 무사히'를 바란다. 차라리 날마다 작은 불행을 가지게 되길 빌게 되었다. 자동차 열쇠를 잃어버린다든지 책상 모서리에 무릎을 부딪친다든지 출근 버스를 놓친다든지 하는 사소한 불행. 그까짓 것, 하며 금방 툭툭 털고 잊을 수 있는 조그만 불행. 갑자기 날아드는 해고 통지나 불치병 선고를 대신해줄 안전한 불행. 사는 집의 전세가 1년 사이에 1억이 넘게 오르거나 석 달 일한 대가를 떼이는 일을 방지해줄 해결 가능한 불행. 농사짓다 물대포에 맞아 사망하거나 수학여행을 가다가 바다에 묻히는 기막힌 참사를 막아줄 억울하지 않은 불행…. 바보 같은 생각인 줄 알면서도 견딜 만한 따스한 불행을 빈다.

하지만 작은 불행과 상관없이 큰 불행은 일어난다. 이 땅에 사는 한, 지금은 내 차례가 아니지만 다음엔 내 일이, 내 자식의 일이 될 수도 있다. 그래서 이 나라에 사는 일이 무섭고 엄마로 버티는 일이 힘겹다. 본인은 이 나라에서 기득권을 누리며 잘 먹고 잘 살면서 취업난에 시달리는 젊은이들에게는 중동이나 동남아로 떠나라고 하는 높은 분의 말이 무책임한 '아무말대잔치'라고 생각하지만, 내 아이에게는 비명횡사하지 않으려면 어디로든 떠나라고 해야 할까 보다.

어떻게 해야 억울하고 부당한 불행을 피할 수 있을까? 우연히 클릭해본 한 모바일게임 광고에서 반짝, 해답을 보았다. 광고에는 중3이나 고1쯤으로 보이는 4명의 친구가 등장한다. 광고 속의 소년들은 지루한 수업 시간에 선생님 몰래 함께 장난을 친다. 체육관에서 우스꽝스럽게 농구를 하고, 공부한다고 모여서 인터넷에서 찾은 야한 사진을 같이 보고, 여학생의 시선을 끌기 위해 춤을 추고, 비가 쏟아지는 거리를 우산도 없이 달린다. 모두 함께한다. 심지어 함께 서서 소변을 보고, 지하철에서 함께 잠이 든다. 그렇게 4명의 친구들이 함께 벌이는 여러 가지 일들 위로, 무엇이든 '함께 한다면 의미가 있다'는 카피가 들린다.

Na.
/
좀처럼 끝나지 않는 50분과
그것을 이겨 내기 위한
쓸데없는 발버둥과
그다지 소용없는 오기.
이유 없이 의욕이 솟는 순간
갑자기 찾아오는 냉정한,
출구가 없는 불안감.
모두 함께 웃고 소리치고
수많은 시시한 것들….
최선을 다하자.
함께라면 그 모든 것에
반드시 의미가 있다.

자막
/
힘을 합쳐, 돌진하자!

엑스플래그, 몬스터 스트라이크, TVCM, 2016

2015년 기준, 세계 3천만 다운로드를 기록한 일본의 모바일게임 〈몬스터 스트라이크〉의 TVCM이다. GPS를 활용하여 실시간 4인 멀티플레이가 가능하다는 게임의 특징을 뭐든 같이하는 4명의 소년을 통해 보여 주고 있다. 〈몬스터 스트라이크〉는 10대 중고생을 대상으로 하여 친구와 함께하는 게임으로 포지셔닝한 광고를 꾸준히 만들고 있다. 그런데 정작 넷이 같이 게임하는 장면은 무심히 잠깐 스쳐 지나갈 뿐이다. 대신 친구와 함께하기 때문에 괜히 더 즐겁고 재미있는 일들을 보여 주고, 마음을 울리는 카피를 얹어 게임 광고를 한 편의 감동적인 인생 드라마로 승화하고 있다.

'아, 게임 광고를 이렇게 만들 수도 있구나' 하는 감탄이 먼저 오고, 이어서 '"함께"가 답일 수 있겠구나' 하는 각성이 들었다. 끝날 것 같지 않은 부조리한 시절을, 상위 1%의 눈에는 부질없고 시시한 것들에 최선을 다하며 살아야겠다는 마음도 들었다. 함께하고 싶은 사람들, 함께하고 싶은 일은 내가 찾으면 된다. 애써 외면했을 뿐이지 큰 불행과 불의를 막기 위해 이미 앞서 가고 있는 보통 사람은 주변에 흔하다. 아무리 작고 사소한 불행이라도 미리 막을 수 있는 불행이라면 당하고 싶지 않다. 다른 이들과 연대하여 막을 수 있는 불행이라면 불행이 아닐 수도 있다. 나는 혼자가 아니다. 함께 행복해지고 싶다.

06

사과에도 예의가 필요하다

2014년 12월 16일, 30여 개 주요 신문의 1면에 "그 어떤 사죄의 말씀 도 부족하다는 것을 절감하고 있습니다"라는 헤드라인의 사과광고가 일제히 실렸다. 대한항공 조현아 전 부사장의 '땅콩회항' 사건이 여론 의 성토 대상이 되자 대항항공이 집행한 광고이다. 본문의 내용을 들 여다보자.

최근 대한항공의 일들로
국민 여러분께 말로 형용할 수 없는 실망감을 안겨드렸습니다.
지금까지 커다란 사랑을 주신 여러분께 큰 상처를 드렸습니다.
그 어떤 사죄의 말로도 부족하다는 것을 잘 알고 있습니다.
그래서 더욱,
국민 여러분의 질책과 나무람을 가슴 깊이 새기겠습니다.
다시금 사랑받고 신뢰받는 대한항공이 되도록
환골탈태의 노력을 다하겠습니다.
새로운 대한항공이 되겠습니다.

무엇을 잘못했는지, 어떤 조치를 할 것인지에 대한 구체적인 내용은 한마디도 없다. 게다가 사과의 주체는 잘못한 장본인인 조현아 부사장이 아니라 대한항공 법인이었다. 30여 개 신문에 광고를 하려면 광고비 7~8억은 들었을 터, 못돼 먹은 재벌 3세의 잘못을 회사 비용을 들여 사죄하고 나선 꼴이다. 저 광고를 만든 광고대행사는 말단 카피라이터부터 사장까지 사과 아닌 듯한 사과문을 만드느라고 밤을 새웠을 것이다. 조사 하나, 단어 하나를 고르고 골라 만들어낸 사과문이 고작 저것이었으니 담당 카피라이터는 '내가 이러려고 카피라이터가 되었나…' 하는 자괴감에 심각하게 이직을 고려했을지도 모르겠다.

최순실 게이트와 관련된 엄청난 뉴스들에 대해 사과하는 대통령의 담화를 보면서 대한항공의 지난 사과광고가 생각났다. 잘못한 재벌이나 잘못한 대통령이나 그들의 사과에는 진정성이 빠져 있다. 대통령은 말했다. 모든 잘못은 특정 개인의 위법행위일 뿐이고 본인은 "국가경제와 국민의 삶의 도움이 될 것이라는 바람에서 추진"한 일이었다고. "앞으로 사사로운 인연을 완전히 끊고 살겠"다고. 대통령의 말은 본인이 무엇을 잘못했는지, 국민이 바라는 것이 무엇인지 전혀 모르고 있거나 문제의 본질을 흐리는 말로 들렸다. 이런 소리나 들으려고 아침부터 TV를 켜고 귀를 기울였나 참담한 심정이 되었다. 사과 받는 국민의 한 사람으로서 용서하고 싶은 마음이 들기는커녕 이러다 또 흐지부지 넘어가는 것 아닐까 의구심이 생겼다. 이 담화문은 누가 썼을까? 어쩌면 치밀한 정치적 계산이 깔린 아주 잘 쓴 담화문인지도 모르겠다.

사과 받는 사람이 진심으로 수긍하고 용서하는 마음이 들게 하는 사과광고는 불가능한 것일까? 일본 빙과업체 아카기유업의 사과광고를 보면 꼭 그렇지도 않다. 지난 2016년 4월 아카기유업은 자사의 아이스바 '가리가리군'의 가격을 25년 만에 개당 60엔에서 70엔으로 10엔

아카기유업, 가리가리군, TVCM, 2016

노래
/
가격 인상은 전혀 생각하고 있지 않아.
올해 가격 인상은 생각하고 있지 않아.
지금은 가격 인상을 미루고 싶어.
곧바로 가격 인상을 인정하지 않아.
가격 인상의 시기는 생각해 보고 싶어.
가격 인상을 인정한 것은 아니야.
바로 가격을 인상하고 싶지는 않아.
가격 인상에 소극적이기는 하나
올해 가격 인상도 어쩔 수 없어.

자막
/
25년간 분발해 왔지만

노래
/
곧 가격 인상도 어쩔 수 없어.
가격 인상을 단행하자.

자막
/
25년 만에 10엔 오른 빙과
가리가리군

아카기유업, 가리가리군, 신문광고, 2016

을랐다. 제료비가 인건비 상승을 이기지 못한 이쩐 수 없는 껼껑이있지만 그냥 넘어가지 않고 신문과 TV를 통해 소비자에게 사과했다. 사과의 TVCM은 코믹하면서도 구슬픈 CM송 〈물가 인상〉을 바탕으로 제작되었다. '가격을 인상하고 싶지 않아, 지금이라도 인상을 보류하고 싶어'라는 가사가 흐르는 동안 사장과 100여 명의 직원은 두 손을 모으고 비장하게 서있다. 그리고 가격 인상을 단행한다는 대목에 이르면 허리를 깊이 숙여 사죄를 표현한다. 고개 숙인 직원들의 머리 위로 "25년간 버텼지만 결국 가격을 인상하게 됐다"라는 자막이 보인다.

이 광고가 나가고 해당 아이스바의 매출은 전년 대비 150%나 늘었다고 한다. 25년간 가격을 동결한 노력과 피치 못할 가격 인상을 소비자가 이해하고 받아들인 결과다. 부러웠다. 한때 CF 잘 만드는 것으로 명성을 날렸고 최순실 덕에 문화계 황태자로 불리던 차 모 CF감독이 실력을 발휘하면, 우리 대통령도 아카기유업의 사과광고보다 훨씬 더 감동적인 사과 영상을 만들 수 있을 텐데… 부질없는 망상으로 또 하루 불면의 새벽을 맞았다.

노벨촛불상 수상자들

몇 주째 분노와 배신감과 경악의 시간을 살고 있다. 처음 최순실 국정 농단 기사가 터진 후 날마다 충격적인 소식과 거듭되는 거짓말, 적반하장의 변명과 떠넘기기를 목격하고 있다. 무엇을 상상하든 언제나 그 이상의 비리와 의혹이 막장드라마처럼 펼쳐지고 있다.

출근길 만원 지하철에 시달리다가 울컥 화가 치밀었다. 세일하는 코트 하나를 살까 망설이다 돌아서며 알량한 통장 잔고가 새삼 우울했다. 결석하지 마라, 리포트 잘 써서 제때 내라, 아이에게 잔소리하다가 허탈해졌다. 나는 왜 사소한 불법 하나 저지르지 못하고 이렇게 구차하게(?) 살고 있나 한심한 생각마저 들었다. 그래서 토요일에 광화문으로 갔다. 나처럼 권력과 거리가 멀고 나처럼 가난하고 나처럼 평범한 사람들을 만나, 내가 잘못 산 것이 아님을 내 혼이 비정상이 아님을 확인하고 싶어서였다.

광장에서 만난 것은 끝없는 인파였다. 한 발자국 옮기기도 힘들어 처음 보는 사람들과 포옹하듯 서있어야 했다. 깃발들이 펄럭였다. 심장

겨울에서 봄 사이 269

박동이 요동쳤다. 민주노총, 금속노조 등 익숙한 단체들의 깃발 사이에서 '장수풍뎅이연구회'라고 쓴 깃발이 나부꼈다. SNS에는 범야옹연대, 민주묘총, 전견련, 국경없는어항회, 전국깡총연합, 얼룩말연구회 등 재미있는 깃발 사진들이 속속 올라왔다. 몇 주 만에 처음 크게 웃었다. 누군가 종이컵에 끼운 흰 양초와 몸을 덥히는 핫팩을 나누어 주었다. 처음 보는 사람끼리 종이컵을 기울여 양초에 불을 나누어 붙였다. 오뎅과 김밥을 파는 트럭에서는 모락모락 김이 올라왔다. 시위가 아니라 축제처럼 느껴졌다.

조PD, 정태춘, 이승환의 노래가 라이브로 들려왔다. 전국에서 올라온 사람들이 마이크를 잡고 한마디씩 하는데 다들 청산유수로 옳은 말을 쏟아 냈다. 다리가 아파졌을 때 세종문화회관 한구석 계단에 친구들과 자리 잡고 앉아 김밥과 편의점에서 산 캔맥주를 나누어 먹었다. 화장실에도 끝없는 줄이 이어졌지만 아무도 불평하지 않았다.

준비된 행사가 끝난 후에는 청와대 쪽으로 느리게 행진했다. 사람들은 시위대의 진출을 막기 위해 벽처럼 막아선 경찰 버스에 예쁜 꽃 스티커를 붙였다. 의경의 어깨를 쓰다듬으며 '이 마음인들 여기를 막고 서 있고 싶겠어?' 안쓰러워하는 아주머니도 있었다. 버스 지붕 위에 올라가 서있는 의경들에게 핫팩과 먹을 것을 전하는 사람들이 셀 수 없이 많았다. 엄마를 따라 나온 꼬마가 손을 흔들자 버스 위의 의경이 꼬마에게 초콜릿을 건넸다. 집회가 끝나자 너 나 할 것 없이 여기저기 널린 쓰레기를 모았다. 재치 있고 용감하고 정의롭고 착하고 배려 많은 대한민국의 선남선녀가 모두 광화문에 모인 것 같았다. 혹시 연말에 시상식을 하면 모두가 하나씩 상을 받고도 남을 사람들이었다.

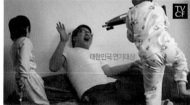

SK텔레콤, 기업PR, '대한민국 상' 편, 2006

자막
/
대한민국 가수왕
대한민국 연기대상
대한민국 코미디대상
대한민국 남우조연상
대한민국 베스트드레서
대한민국 공로상
대한민국 신인상

Na.
/
대한민국 사람 모두에게
이 상을 드립니다.
사람을 향합니다.

오래전 SK텔레콤에서 평범한 대한민국 사람들에게 상을 주는 TVCM을 만든 적이 있다. 광고 속에서는 평범한 사람이 모두 수상자였다. 식구 앞에서 노래 자랑을 하는 꼬맹이는 '대한민국 가수왕', 아들이 쏘는 장난감 총에 맞아서 아픈 척하는 아빠는 '대한민국 연기대상', 도로를 청소하는 환경미화원은 '대한민국 남우조연상', 막 태어난 신생아는 '대한민국 신인상'…. 이런 식이었다. 그 광고처럼 광화문에 모인 모든 이들에게 상을 주고 싶었다.

대학 다닐 때도 전혀 시위에 참여한 적 없던 친구가 초등학생 아들을 데리고 광화문에 나왔다. 앞으로 아이가 살아갈 세상을 생각하니 가만히 있을 수 없었다고 했다. 해외 여행을 갔던 다른 친구도 공항에서 곧장 광화문으로 달려왔다. 내가 바라는 세상으로 가는 길에 무임승차하지 않기 위해서라고 했다. 원주에 사는 동생이, 부산에 사는 옛 동료가, 미국서 출장 온 친구가 광화문에 모였다. "박근혜는 퇴진하라"를 외치다가, 길바닥에 앉아 비싼 가수들의 라이브를 공짜로 듣다가, 오뎅을 사 먹기도 했다.

긴 하루를 보내고 집으로 가는 버스에 올랐다. 새벽 한 시인데 버스는 만원이었다. 가까이 느껴지는 낯선 이들의 체온이 싫지 않았다. 졸리고 다리가 아팠지만 얼마든지 참을 수 있었다. 한밤중 만원버스에 흔들리면서 나는, 오늘 광화문에서 만났던 사람들에게 마음속으로 상을 하나씩 수여해 봤다. 아카데미 깃발상, 칸 평화행진상, 베를린 도로청소상, 대종상 시민연대상, 청룡영화제 시위주연상…. 그리고 나도 백만 명의 노벨촛불상 수상자 중의 한 명이 되었다.

08

근로자의 날
대선 후보를 고른다면

2학기 중간고사가 시작되기 전, 캠퍼스 게시판 여기저기에 신입사원 모집을 알리는 포스터가 붙었다. 졸업을 앞둔 우리는 복잡한 마음으로 포스터를 기웃거렸다. 거의 모든 포스터에는 4년제 정규대학 졸업 또는 졸업 예정자, 병역필 또는 면제자, 19XX년 이후 출생자 등의 응시 자격이 적혀 있었다. 그때는 지원하려는 기업에 직접 가서 입사지원서를 받아와 작성한 후에 다시 지원하는 회사에 직접 가서 제출했다. 인터넷은커녕 컴퓨터도 없던 1980년대 말의 일이다.

취업을 준비하면서, 태어나 처음으로 내가 여자라는 사실이 어마어마한 핸디캡이라는 사실을 자각했다. 여자는 아예 지원 자격을 주지도 않는 회사가 대다수였다. 당시 첨단산업에 속했던 어떤 회사에 원서를 받으러 갔다가, 여자라고 주지 않아 빈손으로 돌아섰던 기억이 지금도 생생하다. 같이 간 남자선배는 아무 어려움 없이 원서를 받아 왔다.

여자를 받아 주는 기업을 찾아 다행히 취업했지만, 회사에서 나는 그냥 직원이 아니라 '여직원'이었다. 군필 남자동기들보다 월급이 적은 것이야 그럴 수 있다고 여겼다. 심한 것은 여직원이 결혼하면 정규직에서 비정규직으로 전환된다는 사규였다. 비정규직이 되었다가 임신하면 그만두어야 했다.

1987년 봄에는 넥타이부대까지 직선제 개헌을 외치며 거리로 나갔다. 신입사원이던 나와 동기들은 퇴근하면 곧바로 종로나 명동으로 다시 출근했다. 사회 전반에 넘치던 민주화의 열망에 힘입어 내가 다니던 회사에 광고회사 최초로 노조가 탄생했다. 사원들끼리 연통해서 노조창립총회를 열었고 다음 날 종로구청에 노조설립신고서를 접수했다. 관리부서에서는 설립신고서 접수를 막으려고 했다. 막고 막히지 않으려는 노사 간 구청 앞 실랑이는 두고두고 이야깃거리가 되었다. 그때 설립된 노조 덕분에 여직원 차별 조항이 사규에서 삭제되었고 나는 결혼과 출산 뒤에도 정규직 사원으로 근무할 수 있었다. 명문 규정이 없어졌다고 해서 모든 차별이 사라진 것은 아니었지만 최소한 비정규직이 될 운명은 피할 수 있었다.

5월 1일 근로자의 날을 맞아 헤아려 보니 몇 년의 경력단절 시기를 빼더라도 노동자로 살았던 날이 20년을 훌쩍 넘는다. 돌아보면 일터에서도 집에서도 나는 늘 부족했다. 부족한 노동자였고, 부족한 엄마였다. 야근할 때는 집에 홀로 있는 아이들 때문에 안절부절못했고, 퇴근 후에는 기진맥진해서 놀아 달라고 달려드는 아이를 뿌리치기도 했다. 나의 노동이자 생활은 여자라서, 엄마라서, 주부라서 훨씬 더 힘들었다. 번번이 거절당하던 취업준비생 시절에서 오랜 세월이 흘렀다. 지금은 그때보다 좋은 세상이 되었나? 최소한 여자들에게 좀 덜 불평등한 사회가 되었을까?

중앙선거관리위원회, '19대 대통령선거' 편,
TVCM, 2017

노래   나 스무 살 적에 하루를 건디고
불안한 잠자리에 누울 때면
내일 뭐 하지 내일 뭐 하지
꿈꾸게 했지.
두 눈을 감아도 통 잠은 안 오고
가슴은 아프도록 답답할 때
난 왜 안 되지 왜 난 안 되지
되뇌었지.
말하는 대로 말하는 대로
될 수 있다곤 믿지 않았지
믿을 수 없었지.
마음먹은 대로 생각한 대로
할 수 있단 건 거짓말 같았지
고개를 저었지.
그러던 어느 날 내 맘에 찾아온
작지만 놀라운 깨달음이
내일 뭘 할지 내일 뭘 할지
꿈꾸게 했지.
사실은 한 번도 미친 듯 그렇게
달려든 적이 없었다는 것을
생각해 봤지 일으켜 세웠지
내 자신을.
말하는 대로 말하는 대로
될 수 있다고 될 수 있다고
그대 믿는다면
말하는 대로…

남   함께할수록 더 아름다운 순간이
있습니다.

Na.   5월 9일 꼭 함께해 주세요.

19대 대통령 선거를 맞아 중앙선거관리위원회에서 만든 TVCM은 가수 이적이 만든 노래를 그대로 CM송으로 사용했다. "하루를 견디고", "불안한 잠자리", "내일 뭐 하지", "미친 듯 그렇게 달려든 적이 없었다"로 이어지는 가사가 마치 애면글면했던 내 스물과 서른의 얘기를 하는 것 같다.

내가 노동자로 사는 동안 대통령이 여섯 번 바뀌었다. 선거 때마다 간절한 소망을 투표지에 담았지만 결과는 대부분 기대 이하였다. 그리고 며칠 뒤면 다시 새 대통령을 뽑는 선거를 한다. 노동자인 나는 어떤 대통령을 뽑아야 할까? 가사노동과 육아노동에 시달리는 여자인 나에게 더 좋은 세상을 만들어줄 대통령은 누구일까? 살아온 날보다 훨씬 더 많은 날을 노동자로 살아야 할 내 아이들에게는 어떤 대통령이 필요할까? 지금 자신의 입으로 "말하는 대로" 당선 후에 실천할 후보는 누구일까?

근로자의 날인 오늘은 차분히 앉아 대선 후보들의 됨됨이와 공약을 꼼꼼하게 살펴봐야겠다.

09

블랙리스트 대신 버킷리스트

햇살 환하고 하늘 푸르른데 컴퓨터 모니터에 코 박고 일을 하려니 공연히 억울하다. 한 시간이 멀다 하고 맛있는 음식, 멋진 여행지, 잘나가는 가족의 사진들로 도배되는 남의 페이스북이니 인스타그램, 단체 카톡방을 보면 쓸쓸하기까지 하다. 누추한 사무실에서 마우스 클릭한 번으로 남들의 화려한 인생을 엿볼 수 있는 SNS 천국, IT 강국이 갑자기 싫어진다. 게으르게 노닥거리는 것도 힘에 부치는 몸으로 출퇴근 지하철에 시달리고 아이디어를 짜내고 광고주 비위를 맞추려니 내 인생도 참 딱하다는 생각이 들기도 한다.

어쩌다 이렇게 되었을까? 어쩌다가 쉬지 않고 일했는데도 건물주는커녕 주거 불안에 시달리고, 평생 갑은커녕 을이나 병의 처지에만 머물게 되었을까? 곰곰 따져보니 30년 전, 바짓가랑이 붙들고 매달렸는데도 뿌리치고 가버린 그놈 때문인지도 모르겠다. 그 사랑에 실패하지만 않았어도 나는 진작에 은퇴해서 쇼핑센터나 어슬렁거리는 몸이 되었을지도 모른다. 아니면 광고 수주를 위한 경쟁 프레젠테이션에서 우리 회사의 훌륭한 제안을 알아보지 못한 멍청한 광고주 때문일 수도 있

캐논, EOS 80D, TVCM, 2016

자막
/
거울도 안 보는 여자

딸
/
다 큰 자식 뒷바라지에
거울 볼 시간도 없는 그녀는,
자기가 원래
얼마나 예쁜 사람인지도
잊어버렸다.
내가 확인시켜줄 거야.
주름마저 고운 얼굴,
실물보다도 더 곱게.
이것 봐, 엄마 되게 예쁘지?
나의 포토 버킷리스트,
EOS 80D로 이루다.

다. 그 프레젠테이션만 수주했어도 회사가 상승세를 탔을 것인데 아쉽다. 한 달 꼬박 준비한 마케팅 제안을 받고 수정 보완한 2차 제안까지 요구하더니, 아직은 광고할 때가 아니라고 다음에 다시 부르겠다던 뻔뻔한 광고주도 있었다. 준비하느라 들였던 시간과 비용만 아꼈어도 명품가방 몇 개는 살 수 있었을 게다. 다시 만난다면 욕이라도 한바탕 시원하게 해주고 싶다.

어느새 나는 머릿속에 수첩을 펼쳐 놓고 본격적으로 블랙리스트를 적기 시작했다. 막내 초등학교 2학년 때 담임을 리스트 꼭대기에 넣었다. 명색이 OECD 회원국의 교육 공무원인데 집에 쌀이 없는지 토요일마다 '고급' 간식을 사오라고, 아이들 생일이나 소풍 때는 모든 교직원에게 먹을 것을 돌리라고 학부형을 닦달했다. 남성 인체의 신비를 직접 보여준 동네 바바리맨이나 지하철에서 엉덩이를 더듬던 성추행남도 명단에서 빠지면 안 되는 인간들이다. 초등학교 4학년이던 나의 지갑을 훔쳐간 소매치기, 면학 분위기를 위한 '군기'를 잡겠다고 고3 모든 학급을 돌아가며 단체기합 뺑뺑이를 돌린 수학선생, 광고주 접대 자리에 구색으로 여직원을 데리고 나가던 직장 상사, 앞에서는 친한 척하다가 내 '뒷담화'를 해댄 대학 동창….

명단을 적으며 나는 거기 적힌 인물들을 실컷 성토하고 원망하고 저주했다. 그런데 아무리 더 적으려 해도 내 블랙리스트는 20명을 채 넘어가지 않는다. 나는 스무 명 채우기도 어려운데 박근혜 정부의 블랙리스트는 6,367명이나 된다고 하니 역시 스케일이 다르다.

내친김에 혹시 블랙리스트를 소재로 만든 광고가 있나 검색해 봤다.

블랙리스트는 없고 '버킷리스트'만 많다. 어어링빌리스트, 스페셜리스트도 가끔 광고에 등장하고, 작곡가리스트도 눈에 띈다. 블랙리스트가 얼마나 나쁘면 새로운 것, 희한한 것을 찾아 목을 매는 광고에조차 쓰인 적이 한 번도 없다.

2016년 제작된 캐논의 TVCM은 딸의 버킷리스트를 소재로 한다. 광고 속의 딸은 생전 거울도 안 보는 엄마가 얼마나 예쁜지 사진이라도 찍어 보여 주는 것이 소망이다. 카메라를 구해 그 소망을 이룬 뒤 딸이 얘기한다. 엄마 참 예쁘다고, 주름마저 곱다고.

유난히 거울과 TV를 좋아하셨다던 박 전 대통령이 저 광고를 보고 블랙리스트 대신 버킷리스트를 만들고 실천했다면 얼마나 좋았을까? 많은 것이 달라질 수 있지 않았을까? 나도 블랙리스트는 그만 지워 버리고 하고 싶은 일의 목록이나 만들어야겠다.

120억 원이 불러온 공상

만약 나에게 비자금 120억이 생긴다면 무엇을 할까? 당장 세계 여행을 떠날까? 아니야, 우선 집을 사서 2년마다 천정부지로 오르는 전세금 공포에서 벗어나자. 차라리 아이들에게 집을 하나씩 사줄까? 수입이 없는 애들이니 자금 출처가 문제되겠지? 현금을 주고 사야겠네. 작은 집이라도 1억은 넘을 텐데 그 많은 현금을 어떻게 세지? 은행에서 돈 세는 계수기를 빌려 달라고 할까? 120억이나 있는데 까짓것 하나 사지, 뭐. 그보다 취업이 제일 고민인 아이들이니 아예 회사를 차릴까? 그러려면 120억은 너무 적은가? 다른 뭉칫돈이 140억쯤 더 있으면 가능하겠지?

120억은 너무 많으니 소박하게 12억이라도 생긴다면 무얼 할까? 지옥철에 시달리지 않고, 갑님에게 비굴해질 필요도 없게 은퇴를 하자. 저절로 눈이 떠질 때까지 자고 일어나 아침 겸 점심을 먹어야지. 그다음엔 종일 보고 싶던 책과 영화를 보는 거야. 막상 닥치면 아마도 막장 드라마나 홈쇼핑을 훨씬 더 많이 보겠지? 그러면 어때? 12억이나 있으면 홈쇼핑쯤이야 매일 해도 될 텐데….

주임   부장님, 로또7 아십니까?
부장   모른다.
주임   1등 당첨금이 최고 4억 엔이에요.
부장   관심 없어.
주임   당첨금이 누적되면
       최고 8억이라고요.
부장   이봐, 자네의 꿈은
       돈으로 살 수 있는 건가?

주임   (부장과 헤어져 길을 걸으며 혼잣말로)
       아, 정말 멋지다,
       눈물 날 뻔했어.
       (로또 판매점에서 로또를
       사고 있는 부장을 발견한다.)
       부장님….

Na.   로또7, 최고 8억 엔의 찬스!

로또7, 1화, TVCM, 2013

공상은 공짜로 했지만 올해도 12억은커녕 120만 원도 거저 생길 기미가 없다. 토정비결을 볼 필요도 없이 내 운세는 동서남북 어느 쪽에서도 공돈은 오지 않는 팔자다. 그렇다면 복권을 사야 하나?

복권 하니, 2013년 1화가 방영된 후 며칠 전 22번째 이야기인 최종화가 방영된 일본 로또 광고가 떠오른다. 드라마 형식으로 전개된 이 광고의 주인공은 같은 회사에 근무하는 야나기바 부장과 츠마부키 주임이다. 주임은 로또를 좋아해서 만나는 사람마다 로또를 권하는데 부장은 전혀 관심이 없다.

1화에 나오는 부장과 주임의 대화가 재미있다. 당첨금이 높으니 로또를 사자는 주임에게 부장은 꿈은 돈으로 살 수 없다고 비장하게 말한다. 부장의 대답에 주임은 감동하는데, 시간이 조금 흘러 쳐다 보니 저기 멀리 복권판매소 앞에서 부장이 로또를 사고 있다. 이 CM의 재미는 부하 앞에서 근엄하게 무게 잡는 부장의 숨겨진 본모습에 있다. 부장은 자신의 잘못을 태연히 부하의 탓으로 돌리기도 하고, 외국계 자본이 회사를 합병하도록 음모를 꾸미기도 한다. 그런 뒤 부사장을 몰아내고 자신이 부사장의 자리에 오른다. 겉으로는 '사랑이라거나 꿈이라거나 우주처럼 돈 말고도 생각해야 할 것들이 많다'고 떠벌리면서 뒤로는 권모술수로 자기 잇속을 챙긴다. 요즘 뉴스에 자주 등장하는, 한때 높았던 분들과 닮았다.

시리즈가 계속되면서 이 광고에는 두 얼굴을 가진 다른 등장인물들이 등장한다. 츠마부키 주임이 좋아하는 에리카는 "나는 돈에는 흥미 없어. 하지만 만약 돈으로 뭐든 살 수 있다면 사토시 군(츠마부키)의 마유은 갖고 싶어"라고 말하더니, 금방 로프를 사주는 부장의 손을 잡고 기뻐한다. 주임의 동료 아라이는 동료를 배신하라는 부장에게 "동료는 돈으로 살 수 없어요"라고 큰소리치더니, 프로젝트의 성공을 걱정하는 사장에게는 "비즈니스는 운과 기합"이라고 허풍을 떤다. 현실에서라면 이 회사는 벌써 망했을 것이다.

다스 비자금과 국정원 특활비가 연일 뉴스에 오르내린다. 뉴스는 아무렇지도 않게 현금 다발로 오고 간 5천만 원, 1억, 120억을 얘기한다. 매주 더 많은 당첨금을 노리는 일본 로또 광고의 주인공들 얘기처럼 들린다. 알뜰살뜰한 국민 노릇이 어쩐지 쩨쩨하게 느껴진다. 복권 한 장 사지 않았는데 그 많은 돈이 생겼다니, 전직 대통령이나 다른 높았던 분들에게 공직은 국민에게 봉사하는 자리가 아니라 당첨이 확실한 로또였을지도 모르겠다는 생각이 든다.

시간이 최고의 계약입니다

2018년 5월 1일 현재, 남한과 북한의 시간은 30분의 차이가 있다. 남한은 동경 135도를 기준으로 하는 표준시인 동경시를 사용한다. 북한은 광복 70주년인 2015년 8월 15일부터 한반도 중앙부를 지나는 동경 127.5도를 기준으로 표준시간을 정한 평양시를 채택하고 있다. 그래서 서울이 오후 12시라면 평양은 아직 오전 11시 30분이다. 남북한의 표준시가 다르다는 사실을 나는 며칠 전 남북정상회담 뉴스를 보고 알았다. 이번 남북정상회담이 열린 판문점 남측 지역 '평화의 집' 대기실에도 서울시간과 평양시간을 가리키는 시계 2개가 걸려 있었고, 이를 본 김정은 위원장이 "가슴이 아팠다"며 표준시간을 남측에 맞추겠다고 문 대통령에게 약속했다고 한다.

협정세계시(UTC)보다 9시간 빠른 대한민국의 표준시는 일본 표준시와 같은 시간대이다. 사실 1908년 4월 1일 대한제국이 표준시를 처음 시행할 때는 한반도의 중앙을 지나는 동경 127.5도(UTC+08:30)를 기준으로 표준시를 정했다. 그런데 일제강점기인 1912년 1월 1일 조선총독부가 동경 135도(UTC+09:00) 기준인 일본 표준시에 맞춰 우

평화의 집에 걸린 시계 (사진 출처: 〈연합뉴스〉)

리나라의 표준시를 변경했다. 독립 후 1954년 3월 이승만 정부가 동경 127.5도 기준으로 되돌렸다가 1961년 8월 10일 박정희 군사정부가 동경 135도 기준으로 다시 변경하여 오늘까지 쓰고 있다. 지난 역사를 돌아보면 우리 표준시의 정통성은 어쩌면 평양시에 있는지도 모르겠다. 그런데도 북한이 선뜻 표준시를 남한에 맞추어 바꾸겠다고 하니 속셈이 무엇이든 통 큰 양보요, 결단이라는 생각이 들었다.

표준시 통일을 전하는 뉴스와 평화의 집에 걸린 벽시계 사진을 보고 "시간은 사랑"이라는 슬로건으로 2012년 제작된 홍콩의 솔빌&티투스 (Solvil et Titus) 시계 광고가 생각났다. 광고에는 '결혼계약등록원'이라는 특이한 직업을 가진 남자가 등장한다. 그는 결혼만 있고 이혼은 없는 세상에서 일을 한다. 대신 사람들은 결혼할 때 결혼 기간을 선택할 수 있다. 기간이 다 되면 계약을 연장할 수도 있고 하지 않을 수도 있다. 현실에는 없는 제도지만 광고에 등장하는 것을 보면 많은 사람이 이런 계약결혼을 원하고 있는지도 모르겠다. 4분이나 이어지는 영상의 초반에는 결혼계약을 등록하러 온 커플들이 등장한다. 모두 행복한 표정이다.

그중에는 나이 든 아름다운 부인과 헌신적인 남편이 있다. 이 노부부는 함께 오래 살았고 서로 지극히 사랑하는데도 매번 1년 단위로만 계약을 연장한다. 왜 10년, 20년 계약하지 않는 것일까? 부인이 치매에 걸려 시간 관념이 없기 때문이다. 남편은 매년 청혼을 하고 결혼계약서에 서명을 함으로써 치매를 앓고 있는 부인에게 1년 중 가장 행복한 날을 선물하는 것이다.

광고 속의 결혼계약등록원은 일하면서 많은 사람이 결혼계약 기간을 두고 다투고 또 작은 일로 결혼계약을 연장하지 않는 것을 보게 된다. 그는 시간을 함께 보내고도 불화하는 부부의 모습을 보면서 시간을 함께 보내는 것이 과연 의미 있는 일일까에 대한 의문을 가지게 된다. 그래서 여자친구와의 결혼계약을 망설이며 결혼계약서를 내미는 여자친구에게 대답을 미룬 채 출근한다. 그런데 바로 그날, 1년씩만 계약하던 노부부가 결혼계약서의 기간을 쓰는 칸에 100년을 써넣고 사인한다. 이유를 묻는다. 부인의 상태가 악화되어 1년을 넘기기 어렵다는 의사의 선고를 들었는데 다음 생에도 부인과 함께하고 싶어서 100년을 계약한다는 것이 남편의 대답이다.

시한부를 선고받았지만 100년을 더 함께하기로 계약하고 봄볕을 받으며 행복해하는 노부부를 보며 우리의 주인공은 여자친구에게 시계를 선물하던 순간을 떠올린다. 그리고 모든 일을 제쳐 두고 여자친구에게 달려간다. 함께 있겠다는 대답을 하기 위해. 그러나 남자가 도착하는

자막
/
시간이 최고의 계약입니다.

솔빌&티투스, TVCM, 2012

순간, 아침에 보였던 그의 미지근한 반응에 상처받은 여자친구는 짐을 꾸려 택시를 타고 믹 떠나고 있다. 텍시는 떠나고 남자는 필사적으로 자전거 페달을 밟지만 택시를 따라잡지 못한다. 실망해서 터덜터덜 걸어가는 남자. 걷다가 뒤돌아보니 택시를 돌려서 되돌아온 여자친구가 서있다. 그리고 감동의 포옹에 이어지는 카피 한 줄.

시간이 최고의 계약입니다.

시간은 힘이 세다. 꼭 긴 시간만 강력한 힘을 가지는 것은 아니다. 찰나에 가까운 1초의 시간 동안에도 우주를 움직일 만한 일들이 일어날 수 있다. 30여 년 전 일본의 세이코 시계는 그 1초라는 짧은 시간의 힘을 광고로 만들어 보여 주었다.

이 광고는 1984년에 제작된 라디오CM을 TV광고로 만든 것이다. 1초에 관해 말하는 카피에 맞추어 교실, 도서관, 미술실 등 학교 안의 다양한 장소가 정지화면으로 보인다. 그렇게 제작된 광고는 1985년 연말 실황중계 프로그램인 〈가는 해 오는 해〉에서 단 한 번만 방송되었다고 한다. 그리고 2008년 다시 리메이크되었다. 광고 카피를 결혼식 연설이나 학교 수업에 쓰고 싶다는 문의가 종종 와서 동일한 카피에 완전히 새로운 영상, 음악, 내레이션을 얹어 현대의 CM으로 다시 만들었다고 세이코는 밝히고 있다. 이 두 번째 CM도 2008년 6월 10일 시(詩)의 기념일에 단 한 번 방송되었다고 한다.

한동안 나는 일과 가사, 육아까지 바쁜 날들을 보내느라 늘 시간이 모자랐다. 그렇다 보니 내가 남에게 줄 수 있는 가장 큰 선물은 나의 시간

세이코, TVCM, 2008

처음 뵙겠습니다.
이 1초의 말 때문에
평생의 설렘을 느낄 수도 있다.

감사합니다.
이 1초의 말 때문에
사람의 상냥함을 알 수도 있다.

힘내!
이 1초의 말 때문에
용기가 되살아날 수도 있다.

축하합니다.
이 1초의 말 때문에
행복이 넘칠 수도 있다.

미안해요.
이 1초의 말 때문에
사람의 약한 면을 볼 수도 있다.

안녕….
이 1초의 말이
평생의 이별이 될 때도 있다.

1초에 기뻐하고 1초에 운다.
일생 동안 열심히, 1초.

이라는 생각을 했다. 내 유한한 시간을 함께 나누는 것은 큰마음을 먹어야 가능한 일이기 때문이다. 같은 이유로 어떤 비싼 물건보다 시간을 내게 내어 주는 사람이 귀하게 여겨진다. 기꺼이 북한의 시간을 남한에 맞추어 내어준 김정은 위원장의 결정에서 솔빌&티투스 시계가 이야기한 "시간은 최고의 계약"이고 "시간은 사랑"이라는 메시지를 떠올리는 건 지나친 확대 해석일까? 그래도 흐뭇한 뉴스임에는 틀림없다.

불행했던 한국전쟁이 종전이 아닌 휴전 상태로 멈추고 65년이 흘렀다. 지난 65년 동안 남과 북은 불신을 키웠고 이해나 배려보다는 오해와 분노를 상대방에게 퍼부었다. 그 많은 상처가 한순간에 다 없어지지는 않을 것이다. 하지만 남북의 두 정상이 군사분계선을 오고 가는 그 1초의 시간은 우리에게 평화와 희망의 설렘과 감동을 주기에 결코 짧지 않았다.

대학 동창들은 3년 뒤 버스를 대절하여 금강산 비로봉 능선을 종주하는 산행을 하자고 공지를 띄웠다. 이 농담 같은 계획에 하루 만에 60여 명이 가겠다고 신청을 했다. 금강산에서 그치지 말고 기차 타고 평양을 지나 베를린까지 가자는 말이 기분 좋게 오고 간다. 옥류관 냉면 대신 시내에서라도 냉면을 먹자고 단체 문자방이 소란하다. 역사책에 기록될 시간을 살고 있다는 뿌듯한 마음이 들기도 한다. 지금의 기대가 현실이 되려면 시간이 걸릴 것이다. 그 기다림의 시간이 너무 길지 않기를 마음을 모아 기원한다.

다시 봄

01

소망을 적어 '봄'

이번 생에서 '부자'가 될 가능성은 제로에 가깝다는 것을 알게 되면서 '돈만 있으면 할 수 있는 일을 부러워하지 말자'고 마음먹었다. 한 번 마음먹은 것으로는 충분치 않아서 자주 다짐해야 했다. 그럼에도 친구가 들고 있는 명품 가방이 부럽고, SNS를 도배하는 한가한 해외 여행이 부럽고, 화려한 레스토랑의 값비싼 코스요리가 간혹 부러웠다. 그 무엇보다 갑에게 굽실거리거나 애써 일하지 않아도 먹고살 걱정 없는 건물 주인이나 재벌 2세가 부러웠다. 출퇴근 시간, 달랑 4량뿐인 9호선의 아수라장에 시달리지 않아도 되는 유한마담과 한량이 부러웠다.

도시에 나가 돈을 버는 것보다 마을에 남아 꽃을 즐기는 것이 더 행복하다고 여기는 마을 사람들을 소재로 만든 아웃도어 웨어 광고가 있다. 2013년 블랙야크 TV광고의 무대는 히말라야 브록파 마을이다. 광고 속의 여인들은 꽃물결 가득한 들판에서 서로의 머리에 정성스레 꽃을 꽂아 준다. 투박한 꽃다발을 만들어 들고 환하게 웃는다. 촌스러운 옷차림인데도 그들이 만드는 풍경은 환하고 풍요롭다.

블랙야크, TVCM, 2013

Na.

/

봄이 사람 위에 피다.

히말라야 브록파 마을에

꽃이 피었습니다.

여기 꽃으로 행복한

꽃 사람이 있습니다.

우리는 없는 것을 가져야

행복하다 믿지만,

이들은 가진 것만으로도

늘 행복합니다.

돌아가면 내가 무엇을 가졌는지

보겠습니다.

자막

/

힐링 in Himalaya

행복해지는 법을 배우다.

못 가진 것에 대한 욕심으로 어지러운 마음은 카피가 차분하게 가라앉힌다. 봄꽃 수다가 와글대는 들판에 나가 공짜 햇살을 흠뻑 쐬고 싶어진다. 솔직히 말하면 지금도 좋은 차나 넓은 집이 부럽지 않다고 큰소리치진 못하겠다. 하지만 이 봄에 가장 부러운 것은 앞뒤 재지 않고 피어나는 꽃송이들의 무조건, 새잎 내기 위해 뿌리부터 힘을 모으는 가로수들의 몰입, 지구를 덥혀 두꺼운 외투를 벗게 하는 태양의 뜨거움이다. 미장원에 가지 않아도 아름다운 브록파 여인들의 충만함이다. 무조건 뜨겁게 몰입해서 스스로 가득 차는…. 무모한 것들, 설레는 것들이 두둑한 통장보다 훨씬 더 부럽다.

모니터에서 고개를 돌려 창밖을 본다. 활짝 봉오리를 연 목련이 보이고 연둣빛 물이 오른 가로수가 보이고 한결 가벼운 옷차림으로 걸어가는 사람들이 보인다. 소월의 시 〈바람과 봄〉이 어김없이 생각난다. 소월은 봄꽃 피어나니 술잔을 들었을 테고 꽃잎 진다고 또 술잔을 비웠을 것이다. 바람 불고, 하양 노랑 분홍 꽃들이 다투어 피니 향긋한 술 생각 절로 나고, 보드라운 봄바람 불어오니 엉덩이가 들썩거린다.

블랙야크의 카피와 소월의 시가 어깨를 다독이며 부추기는 것 같다. 이 봄, 알량하더라도 가진 돈과 목숨을 물 쓰듯 낭비하라고, 다음 봄은 내 것이 아닐지도 모르니 지천에 흐드러진 이 봄을 만끽하라고….

먼 도시로 가는 비행기표를 사고, 1주일 연속 술잔을 기울이고, 밤새워 드라마 열 편을 몰아 보고, 섬진강변 오두막에서 봄꽃 다 피고 질 때까지 딱 한 달만, 더도 말고 딱 서른 날만 살았으면 좋겠다. 노후 대책쯤은 코웃음 치며, 성인병 걱정일랑 개나 줘버리고 소박하지만 흥청

망청한 살림을 차렸으면 좋겠다. 오십 년 넘게 '해야 하는' 일에 매여 집과 학교와 사무실을 오갔으니, 이제는 '하고 싶은' 일만 하며 떠돌았으면 좋겠다. 다시 책상 위 모니터로 돌아와야만 하는 처지에선 쉽게 하기 힘든 일들이다. 그래도, 그럼에도 불구하고… 봄의 유목민이 되는 황홀한 소망을 아주 지우지는 않고 맘속에 적어 둔다.

02

또 봄을 낭비하고 말았어요

5월이 끝나려면 아직 열흘 넘게 남았는데 서울의 수은주가 33도까지 올라가고 폭염주의보가 내려졌다. 자외선과 오존을 주의하라는 예보도 들린다. 반팔을 입고 출근해서 점심엔 냉면을 먹고 아이스커피를 마셨다. 사무실까지 잠깐을 걸었는데도 땀이 흘러서 에어컨을 켰다. 예년보다 두 달이나 빨리 찾아온 더위란다. 더위에 밀려 짧은 봄날이 속절없이 지고 있다. 봄이 가버린 아쉬움이 예전에 보았던 TVCM의 카피를 생각나게 했다.

자주 '다음에 다시 태어나면…'이라고 말하지만,
나는 다음에 다시 태어날 예정이 없어요.

'어스 뮤직 & 에콜로지'(Earth music & ecology)라는 일본 여성 캐주얼 브랜드의 TVCM 카피다. 보는 순간 '맞아, 나도 다시 태어날 예정이 없는데!' 하면서 고개를 끄덕였다. 겨우 20대 초반으로 보이는 청순한 모델이 인생은 오직 한 번뿐이니 '최초이고 최후를' 살아가고 있다는 심오한 멘트를 천연스럽게 날리는 모습이 참 깜찍했다. 반팔 라운드

어스 뮤직 & 에콜로지, '톱' 편, TVCM, 2012

여
/
자주 '다음에 다시 태어나면…'이라고
말하지만
나는 다음에 다시 태어날 예정이 없어요.
최초이고 최후를 살고 있다.
어스 뮤직 & 에콜로지.

자막
/
내일 뭘 입고 살아가지?

셔츠 하나에 2만 원쯤 하는 중저가 브랜드가 다소 무거운 얘기를 무겁지 않게 광고에 담아낸 것이 신선했다.

광고는 일본의 유명한 영화배우 미야자키 아오이가 바닷가에서 통나무를 톱으로 자르는 모습으로 시작된다. 어느새 모닥불이 피워지고, 두 명의 미야자키 아오이가 나무에 걸터앉아 모닥불을 바라보고 있다. 한 가지 옷을 두 가지 방법으로 입을 수 있다는 것을 알리기 위한 1인 2역, 광고적인 설정이다. 두 소녀는 머리 모양과 옷이 다르다. 톱질을 하다가 자연스럽게 옷을 앞으로 끌어내려서 조끼가 원피스로 변하는 모습을 보여 준다. 마지막 자막이 촌철살인이다. '네 인생 최초인 내일, 어쩌면 최후인 내일에 어떤 옷을 입을 거냐'고 묻는다. 옷장 앞에서 한 번 더 망설이게 만드는 자막이다. 장사하는 것 같지 않게 장사를 하고 있다. 이 광고를 만든 카피라이터, 아마 철학자일지도 모르겠다.

5월엔 곱고 여리고 싱그러운 것들이 천지에 가득하다. 들판에 산에 길가에 쏟아지는 붉고 희고 노란 꽃무리, 허공까지 물들이는 낭창낭창 어린 연둣빛, 길모퉁이를 돌아설 때 예고도 없이 훅 끼쳐 오는 라일락이나 아카시아 향기, 백도복숭아만큼 희디흰 아가들의 발뒤꿈치, 손깍지 끼고 팔랑거리며 걷는 젊은 연인들, 유행 지난 양복저고리에 일주일 넘게 매달려 있는 의기양양 카네이션…. 보기만 해도 마음이 환해져서 붙잡아 두고 싶은데 대개는 '다음'이라는 기약이 없는 것들, 다시는 같은 모습으로 만날 수 없는 것들이다. 알면서도 내일이면 금세 다시 만날 것 같아 안심하고 작별한다. 뒤도 돌아보지 않고 손 흔들며 멀어진다.

어스 뮤직 & 에콜로지, '운반' 편, TVCM, 2012

여
/
세계는 지금 이 순간도 계속 파괴돼 간다.
나도 당신도 계속 파괴돼 간다.
하지만 동시에 지금 이 순간,
계속 다시 태어나고 있다.

자막
/
내일 뭘 입고 살아가지?

마치 영원을 산 것처럼 또 한 번의 봄을 흘러보내고 있다. 다음에 다시 태어날 것처럼 오월을 낭비하고 있다. 과연 나는 앞으로 몇 번의 봄을 다시 맞이할 수 있을까? 생각하면 나의 무신경이 섬뜩하기도 하다. 그렇다고 의기소침할 필요는 없다. 어스 뮤직 & 에콜로지의 다른 광고는 우리는 "계속 다시 태어나고 있다"는 카피로 봄을 잃고 허전한 마음을 위로해 준다.

스스로 쓴 광고에도 툭하면 혹하는 카피라이터답게, 이 카피를 보며 나는 안심한다. 걱정하지 말자, 이 봄이 가도 나는 매일 다시 태어날 것이다. 그리고 잊지 않을 것이다. 겨우내 메말랐던 나뭇가지들과 죽은 듯 사라졌던 풀이파리가 지구를 움켜쥔 손을 놓지 않고 다시 생을 끌어올리는, 가냘프지만 우주만 한 노력을. 어쩌면 봄이 모두 내 것인 양 무조건 뜨겁게 몰입해서 흥청망청 쓰는 것이 단 한 번뿐인 봄날을 가장 알차게 보내는 방법인지도 모르겠다.

그나저나 봄날은 가는데 내일은 "뭘 입고 살아가지?" 어디 할인매장에라도 가봐야 할까 보다.

03

우리 더 자주 포옹할까요?

사춘기 아들의 엄마 노릇은 참 힘들었다. 쉴 새 없이 종알대던 아이가 중학생이 되면서 말수가 줄더니 무얼 물으면 못 들은 척했다. 아침부터 늦은 밤까지 일터에 있기 일쑤였던 나는 아이와 주로 전화로 이야기를 했는데 중2가 되면서는 전화도 잘 받지 않았다. 물론 내가 하는 말이 주로 "숙제했냐", "학원 늦지 마라" 같이 듣기 싫은 말들이거나 "밥 먹었어?", "학교에서 별일 없었어?"처럼 제가 다 알아서 할 수 있는 것들이라 그랬을 것이다. 그런 줄 알면서도 화가 끓어오르면 저녁 회의를 뒤로 미루고 집에 달려가 아이를 닦달하고 다시 사무실로 돌아가기도 했다.

이미 나보다 더 크고 힘이 세서 때려줄 수도 없으니 약 오른 내가 할 수 있는 응징은 온갖 못된 말로 아이 자존심을 박박 긁어 놓는 일이었다. "너랑 똑같은 놈 낳아서 고생 좀 해봐라" 하는 악담도 고정 레퍼토리였다.

한 번은 수학 공부에서 시작된 잔소리가 늦잠과 먹을 때 깨질거리는 겄으로까지 비약해서 험악한 전투기 벌어졌다. 회원은 자체 휴강하고 낮잠까지 푹 자서 기운 넘치는 녀석과 야근으로 피김치가 된 상대에서 싸우려니 힘에 부쳐서 내가 말했다.

"힘들어 야단도 더 이상 못 치겠다. 나가서 너 혼자 살아.
우리 그만 헤어지자."
"엄마랑 아들이 어떻게 헤어져요?
저 나가면 엄마는 바로 후회할 거잖아요."
"아냐, 너 땜에 맨날 이렇게 속 썩느니
헤어지고 그리워하는 게 낫겠어."
녀석은 심각한 얼굴로 아무 말이 없었다. 아무리 화가 났어도 하지 말았어야 할 말이었다. 슬그머니 미안해졌다.

"맞아, 사실 네가 나가면 엄청나게 후회할 거야. 안 나가 줘서 고마워."
패배를 순순히 인정하며 아이를 포옹했다. 훌쩍 자라 키가 180㎝쯤 되는 녀석은 등을 구부리고 어색하게 엄마한테 안겼다. 마음이 풀렸는지 포옹을 풀며 녀석이 하는 말, "아휴, 난 맨날 엄마 안아 줘야 돼…."
그랬던 건가? 내가 안아 준다고 생각했는데, 녀석은 지가 엄말 안아 준다고 여겼던 거다. 다시 한 번 아이를 안는데 노여웠던 마음이 스르르 녹았다. 안고 있으니, 아니 아이에게 안겨 있으니 그깟 공부쯤 못해도 괜찮다는 생각이 들었다. 포옹이 부린 마술이다.

몇 해 전 방송된 초코파이 TVCM은 정(情)을 이야기하고 있다. 말없이 안아 주고 업어 주고 수줍게 초코파이를 건네는 다양한 사람들 모습 위로 정을 설명하는 카피가 흐른다.

오리온, 초코파이, TVCM, 2016

Na.

/

나는 나라를 지킬 수 없습니다.

좌절에 빠진 사람을 도울 수도 없습니다.

지혜를 줄 수도, 아픔을 대신할 수도 없습니다.

그러나

그 사람들과 마음을 함께하는

다른 누군가가 있다는 사실 하나는

전해줄 수 있습니다.

그래서 나는 위로가 됩니다.

때론 용기가 되고

때론 감사가 되기도 합니다.

오늘도 누군가가

다시 미소 짓고 힘낼 수 있도록

이 땅의 모든 사람들과 마음을 나누는

나는 당신의 정(情)입니다.

사람 사이의 정에 대해 이야기하는데 마치 포옹의 속성을 묘사한 것처럼 들렸다. 이 광고를 보며 정을 나누는 가장 쉽고 돈도 안 드는 좋은 방법은 포옹이 아닐까 하고 생각했다.

그리고 며칠 전, 5·18 민주화운동 기념식에서 내 생애 가장 감동적인 포옹을 목격했다. 5·18 당시 총격으로 생후 3일 만에 아버지를 잃은 김소형 씨가 돌아가신 아버지에게 쓴 편지를 읽은 뒤 울먹이며 돌아서 들어가는데, 문재인 대통령이 그를 따라가 말없이 안아 주는 장면이다. 들먹이는 그녀의 어깨와 눈물을 훔치는 수화 통역자 그리고 젖어 있는 대통령의 얼굴이 나를 울게 했다. 포옹이 이렇게 좋은 거구나, 이좋은 걸 왜 그리 보기 힘들었을까? 슬픈데 고맙고, 아픈데 기쁘고, 억울한데 벅찼다. 대통령 참 잘 뽑았구나, 으쓱한 기분마저 들었다.

그리고 좀 생뚱맞은 결심을 했다. 이제 사는 동안 포옹을 아끼지 않으리라. 최대한 자주, 많이 포옹하리라. 우선 이제는 다 커버린 아이부터 당장 안아 줘야겠다.

04

2017의 내가 1987의 나에게

"정말 오랜만이다, 머리가 왜 이렇게 하얘?", "지나가다 만나면 못 알아보겠다." 10여 년 만에 만난 선배도 있었고, 대학 졸업 후 처음이지 싶은 친구도 있었다. 낯은 익은데 누구인지 금방 생각나지 않는 얼굴도 여럿 보였다. 모인 사람들은 맨바닥에 주저앉아 무대를 바라보았다. 무대 가운데 설치된 화면에 전투경찰이 쏜 최루탄을 맞고 쓰러진 이한열 열사를 한 남학생이 부축하고 있는 사진이 보였다. 30년 전의 시위 장면과, 열사의 장례식 모습, 독재 정권에 맞서 싸우다 목숨을 잃은 젊은이들의 얼굴도 화면에 흘렀다. 2017년 6월 9일 시청광장에서 열린 이한열 문화제에서였다.

문화제 제목은 "2017이 1987에게"였다. 제목에 걸맞게 사회는 1987년을 대표하는 이한열의 친구와 2017년을 대표하는 현재의 대학생이 맡았다. 1987년 즈음 왕성했던 노래패 '노래를 찾는 사람들'과 2017년의 활동이 기대되는 신인 가수 안예은이 한 무대에 올랐다. 이한열 세대인 중년들의 인터뷰와 2017년 젊은 대학생들의 인터뷰가 같은 화면에서 교차되었다.

대학 동문들과 한 마당에 앉아 노래와 인터뷰에 귀 기울이니 내 마음 또한 30년 전 스무 살과 지금을 오고 갔다. 시위와 최루탄 연기가 미세먼지주의보보다 흔했던 과거와, 주말마다 촛불을 들던 현재가 한 공간에 존재하는 것 같았다. 가고 없는 이한열이, 그 목숨 받아 살아 있는 우리와 함께 숨 쉬는 것 같았다. 2017의 내가 1987의 내 어깨를 도닥이며, 현재는 여전히 힘들지만 과거는 헛되지 않았고 미래는 조금씩 나아지고 있다고 위로하는 것처럼 느껴졌다.

2004년 아디다스의 광고가 생각났다. 절묘한 컴퓨터 합성으로 전성기 때 무하마드 알리와 그의 딸 라일라 알리가 링 위에서 권투하는 장면을 보여 주는 광고이다. 과거의 아버지와 현재의 딸, 두 명의 권투선수는 나비처럼 링 위를 날아 다닌다. 그러다가 딸이 아버지에게 벌처럼 날카로운 펀치를 한 방 쏜다. 맞은 아버지는 딸의 주먹이 대견한 듯 흐뭇한 미소를 짓는다. 합성이 워낙 자연스러워서 진짜 경기하는 장면처럼 보인다. 광고 카피는 화면의 감동을 두 배로 더해준다.

인종차별에 맞서 올림픽 금메달을 강물에 던져 버렸던 아버지 알리와 여자는 권투선수를 할 수 없다는 고정관념과 싸워 챔피언이 되었던 딸 알리. 그들은 불가능이 아무것도 아님을, 과거와 현재가 이어져 있다는 것을 보여 주고 있다.

동시대의 시간과 공간을 살아온 동년배들, 미래의 주인공이 될 후배들과 함께 광장에 앉아 있으니 지난 30년이 아득하게 느껴졌다. 우리 함께 불가능한 것처럼 보이던 일들을 해냈다는 벅찬 마음도 들었다. 고개를 들어 하늘을 보는데 무대 뒤편 빌딩 전광판에 흘러가는 영상광

아디다스, '알리 부녀' 편, TVCM, 2004

Na.
/
불가능은 사실이 아니다.
하나의 의견에 지나지 않는다.
사람들은 말했다.
여자는 권투를 할 수 없다고.
나는 그들의 말을 믿지 않았다.
나는 해냈다.
나는 링에 섰다.
내 아버지 알리의 외침이 들려온다.
"싸워라, 내 딸아! 넌 할 수 있어!"
불가능, 그것은 아무것도 아니다.

자막
/
Impossible is Nothing.

광화문1번가, 홍보영상, 2017

자막

/

이제 더 이상 지금까지의 대통령은 없다

이제 '촛불'이 대통령이다

이제 '헌법'이 대통령이다

이제 '광화문'이 대통령이다

이제 '국민'이 대통령이다

Borderless 대통령이 경계를 넘다

동   서

보수   진보

OLD   NEW

야당   여당

모두 함께 새로운 대한민국

모두가 대통령

마침내 국민 모두가 대통령이 된다

국민이 대통령 명령을 만든다

지금까지의 대통령은 없다

지금까지의 경계는 모두 사라진다

광화문1번가 국민인수위원회

고의 자막이 눈길을 끌었다.

"국민이 대통령이다"라는 너무나 당연한 말에 뭉클한 마음이 들었다.
궁금해 찾아보니 국민의 정책제안을 받는 새정부 사이트의 홍보영상
이다.

앞으로 어떤 세상이 펼쳐질지 나는 잘 모른다. 더 멋지고 듣기 좋은 광
고로 약속하고 지키지 않은 대통령이 여럿 있었다는 것도 알고 있다.
대통령이 바뀐다고 모든 것이 바뀌지 않는다는 것도 경험으로 이미 안
다. 하지만 지나갔어도 아직 끝나지 않은 그 시절을 소환하는 시청 광
장에서, 나는 생각한다. 불가능, 그것은 아무것도 아니라고.

05

어떻하죠? 인생의 남은 절반이
자꾸만 늘어나요!

지금부터 십몇 년 전, 내 나이 마흔엔 인생의 절반쯤을 살았다고 생각했다. 그때 돌아본 지나온 절반은 봄날 꿈처럼 아련했다. 40년 동안 나와 스쳤던 인연들이 문득문득 떠올랐다. 이름만 맴도는 유치원 때 친구, 도시락을 같이 까먹던 여고 동창, 서툴던 첫사랑, 얼굴 붉히며 논쟁하던 회사 동료들…. 그토록 짧은 만남, 짧은 하루들이 쌓여 어느새 어른이 되고 직업을 가지고 엄마가 되었다는 사실이 조금은 비현실적으로 느껴졌다. 남들보다 더하지도 덜하지도 않게 때로 힘들고 때로 행복하고 슬프고 재미있는 인생이었다고 생각했다.

중간쯤이라고 여겨지는 나이에 서니 지나온 절반이 새삼 감사했고, 아직 살지 않은 절반이 두려웠다. 남은 날들은 부모님이나 학교 뒤로 숨을 수도 없는, 오롯한 스스로의 몫이라는 사실이 나를 긴장하게 했다. 그 시절 눈에 띄었던 광고가 있다.

광고는 절반을 살았고 절반을 남겨둔 내 마음을 그대로 표현하고 있었다. 2004년 8월 전파를 탔던 스포츠브랜드 K2의 TVCM이다. 광고는

K2, TVCM, 2004

Na.

/

나의 절반은 지쳐 있고

나의 절반은 힘이 남았고

나의 절반은 두려움에 떨고

나의 절반은 용기로 가득하다.

클라임 더 라이프(Climb the life).

화면 가득 눈 덮인 산과 그 산을 힘겹게 오르는 사람을 보여 준다. 화면의 주인공은 얼음에 발을 박고 겨우 한 발자국 나갔다가 그 몇 배 넘는 거리를 굴러 떨어진다. 깎지 못한 수염에 고드름을 달고서 칼벼랑을 아득히 올려다보고, 다시 온몸으로 산을 오른다. 제발 오르는 것을 허락해 달라고 엎드려 비는 것 같은 모양새다. 어쩌면 인생은 정상이 어딘지 모르는 산을 오르는 일인지도 모르겠다.

그로부터 십수 년이 흐른 2017년, 올해의 절반이 지났다. 절반이나 지난 것이기도 하고 절반이나 남은 것이기도 하다. 지난 6개월 무엇을 했던가…. 지나간 반년이 또 찰나처럼 느껴진다. 1월에서 6월까지 겨울 지나 여름이 되는 동안 나는 별일 없이 그냥 살았다. 지난 과거를 오래 붙들고 있지 않았고 오지 않은 미래를 크게 걱정하지도 않았다. 졸린 눈 비비고 매일 일터에 나갔고, 짬 내어 친구들을 만났다. 아이를 위해 밥을 차렸고, 집 안의 먼지도 쓸고 닦았다. 물론 출근 시간 지옥철에 타거나 표시도 안 나는 집안일을 하는 대신 속초나 제주도로 훌쩍 떠나고 싶은 마음을 다잡긴 했다. 그랬다고 해서 큰 불만은 없다. 나만 그렇게 살고 있는 것은 아니기 때문이다. 무엇보다 평범할 수 있는 하루의 일상이 큰 축복이고, 내일을 다시 활기차게 시작할 힘이 된다는 것을 이제는 잘 알기 때문이다.

앞서 소개한 TVCM과 같은 해 제작된 K2의 라디오광고는 지금 나처럼 하고 싶은 일보다 해야 하는 일에 주어진 매일을 바치고 있는 사람의 이야기를 담담히 들려준다.

나는 수서사거리에 서있다.

왼쪽으로 가면 서울, 오른쪽으로 가면 속초.

나는 오른쪽으로 달리는 충동을 누르고

왼쪽으로 핸들을 돌린다.

지금 나는 소풍을 온 것이 아니라

인생이라는 산을 오르고 있기 때문이다.

클라임 더 라이프, K2

유엔이 '호모 헌드레드(100) 시대'를 선포한 때가 2009년인데, 멀지 않아 120세 시대가 열린다는 뉴스가 들린다. 그렇다면, 인생의 반을 살았다고 생각한 2004년 후로 십수 년을 더 살았는데 여전히 나는 절반도 못 살았다는 얘기가 된다. 큰일이다. 영원처럼 느껴지는 남은 절반의 생을 어떻게 꾸려 나가야 할까? 90살, 100살의 나는 지금의 나와 어떻게 다를까? 잘 모르겠다. 답을 모르는 고민은 오래 하지 말자. 대신 올해 남은 절반을 어떻게 보람차고 유쾌하게 보낼지나 생각해 봐야겠다. 내 인생의 남은 절반을 버틸 힘과 용기는 올해 남은 절반을 행복하게 채우면서 저절로 생겨나는 것이리라 믿는다.

06

1988과 2018, 오래된 꿈과 새로운 꿈이 나란히 앞으로

1987년, 나는 대기업 계열의 광고대행사에 갓 입사한 1년차 카피라이터였다. 호황기였던 시절 덕에 어찌어찌 회사라는 조직에 책상 하나를 차지할 수 있었지만 마음은 편하지 않았다. 불과 두어 달 전까지 '매판 자본 물러가라'는 구호가 물결치던 캠퍼스에 있다가 '자본주의의 꽃'이라고 하는 광고를 만드는 일이 영 불편했다. 무엇보다 꽃 같은 청춘 박종철이 물고문을 당해 죽고 지식인과 종교인의 시국선언이 이어지는 암울한 시국에 인간의 욕망을 자극하여 당장 지갑을 열라고 부추기는 광고가 부끄럽게 느껴지기도 했다.

대통령 직선제를 거부하는 전두환 정권의 4·13 호헌 선언 이후 독재 타도와 호헌 철폐를 외치는 시위가 날마다 이어졌다. 6월 9일, 이한열이 최루탄에 맞아 쓰러져 사경을 헤매면서 시위는 대학 교정 안에서만 그치지 않고 거리로 번졌다. 넥타이부대로 불리는 직장인들이 퇴근 후 시위에 동참했다. 입사 동기들은 퇴근 후에 종로나 시청 앞, 광화문으로 나가 시위 대열에 합류했다가 늦은 밤 옷에 최루탄 냄새를 묻히고 회사 근처 카페에 다시 모였다. 무용담처럼 그날의 싸움을 얘기하고,

316

앞날을 전망하고, 술을 마시고, 노래를 불렀다. 마침 그 카페 안에는 기타가 한 대 있었다. 아직 학생티를 벗고 싶지 않았던 나는 한잔 술과 운동가에 광고쟁이가 된 부끄러움을 숨겼다.

그해 6월 뜨거운 항쟁의 결과로 대통령 직선제를 받아들이는 6·29 선언이 발표되었고, 나와 동기들은 사무실로 돌아갔다. 회사에서 우리들은 한 해 선배들과 함께 광고회사 최초로 노조를 만들었다. 조금은 좋은 세상이 된 것 같은 뿌듯함도 있었다. 12월 첫 대통령 직접선거에서 민주화 진영이 정권 교체에 실패하고 노태우가 대통령에 당선되기 전까지는….

30년이 훌쩍 흐른 뒤 그 시절을 소환한 영화 〈1987〉을 보았다. 박종철을 고문하는 장면은 차마 볼 수 없어서 눈을 가렸고 한열이가 쓰러질 때는 눈물 때문에 눈을 감았다. 사라져 버린 그들의 스무 살이 억울했다. 그들의 죽음 후로도 30년 동안 툭하면 뒷걸음치는 역사가, 청산되지 못한 과거가 한심하고 원통했다. 그럼에도 희망을 놓지 않는 이유는 2017년 겨울의 촛불과 봄날의 정권 교체를 생생하게 경험했기 때문이다. 1988년에는 시작도 못 했던 적폐 청산이 2018년에는 이루어지기를 간절히 바라기 때문이다.

시작할 때는 부끄러웠지만 지난 30년 내 밥벌이가 되어준 광고 한 편에서 2018년에도 유효한 희망의 메시지를 읽는다. 광고에는 우연히 아버지의 일기장을 발견한 20대 아들이 나온다. 모나미 볼펜으로 꾹꾹 눌러 쓴 것처럼 보이는 아버지의 일기에는 "우리가 무모했던 걸까?" 하는 절망이 적혀 있고, "이룬 적이 없다고 이룰 수 없는 것은 아니다",

SK텔레콤, TVCM, 2013

아들
/
아버지의 일기를 보았습니다.
용감하고 뜨겁게 새로운 세상을 꿈꾸던 스무 살 청년이 거기 있었습니다.
다르지 않았습니다,
그때의 그와 지금의 나는.
더 좋은 세상을 위한 우리의 마음은.

아버지 일기장에 적힌 글
/
결국 모든 게 실패로 돌아갔다.
우리가 무모했던 걸까?
하지만 포기하진 않겠다.
이왕 시작한 일, 끝을 보겠다.
언젠가 웃을 날이 오겠지.

Na.
/
오래된 꿈과 새로운 꿈이 나란히, 앞으로!
가능성의 릴레이.

"무릎 꿇지 않겠다"라는 다짐도 써있다. 아들은 아버지와 나란히 앉아 운동화 끈을 매면서 청년 시절 아버지의 꿈과 지금 청년인 자신의 꿈이 다르지 않음을 잔잔한 목소리로 이야기한다.

스무 살 시절에는 '우리'가 세상을 바꿀 수 있을 거라고 생각했다. 아니, 바꾸고 싶었다. '민주주의'라는 말만 들어도 울컥 눈물이 나던 나이였다. 세월이 흐르면서 밥벌이를 핑계로 대개는 세상의 부조리함을 외면하며 살았다. 하지만 오래된 꿈은 사라지지 않았고 아직 이루어질 가능성은 얼마든지 남아 있다. 가능성이라…. 얼마나 안심이 되는 단어인가!

2018년 우리나라는 88 올림픽 개최 후 30년 만에 동계올림픽을 개최했다. 1988년에 많은 국민이 바랐던 북한의 88올림픽 참가는 실현되지 않았다. 하지만 2018년 동계올림픽에 북한은 5개 종목에 선수 22명을 이끌고 참가했다. 30년 전의 오래된 꿈과 지금 현재의 새로운 꿈이 나란히 앞으로 나가고 있다는 증거를 보는 것 같아 기쁘다. 나도 가물가물한 내 오래되고 낡은 꿈을 꺼내 먼지를 털고, 그 위에 새로운 꿈을 보태 봐야겠다.

07

우리 것은 소중한 것이여!

객석을 가득 메운 관객들이 일어설 줄 모르고 앙코르를 외쳤다. 이미 한 곡 앙코르를 들었지만 아쉬움은 더 커졌다. 세 시간 가까이 휴식 시간도 없이 계속된 공연이었다. 의자도 불편하고 거미줄이 보이기도 하는 좁은 소극장. 그런데도 관객들은 불편한 좌석도, 밤 10시가 훌쩍 넘은 시간이라는 것도 잊은 듯했다.

가수가 다시 무대 중앙으로 나왔다. 조금 전까지 빠른 리듬의 곡을 열창한 그는 숨을 몰아쉬었다. 객석과 무대가 가까워 가수의 얼굴에 흐르는 땀방울이 눈에 보였다. 가수가 기타의 지판에 왼손을 얹었다. 관람객들은 숨죽이고 시선을 집중했다. 맑은 음성이 극장 가득 퍼졌다. 좀 전까지와는 다른 조용한 노래였다.

생각나는 사람 조용한 사람

그리운 사람 언제쯤일까

무엇을 하고 싶다

나지막이 얘기하던 사람

오솔길 걸으며 산과 바다와

함께 살고 싶다던 사람

눈물이 마르기 전에 떠나간 사람

눈을 감고 가사에 귀를 기울였다. 읊조리듯 가수의 노래가 이어졌다. 마치 나에게만 속삭이는 것처럼 가사 한 줄 한 줄이 내 얘기처럼 느껴졌다.

세 곡을 메들리로 부른 앙코르가 끝나고 가수가 무대를 떠났다. 벅찬 감동이 가시지 않은 빈 무대를 한참이나 바라보다가 극장을 빠져나왔다. 마음이 가득 찬 탓일까? 봄비에 젖은 어두운 거리가 정겹게 느껴졌다. 그날 나와 관객을 사로잡은 가수는 작은 거인이라는 별칭으로 불리는 김수철이다. 2019년 4월 초 대학로 학전블루 소극장에서 열린 단독 콘서트였다.

대학 1학년이던 1983년, 가수 김수철의 솔로 1집 음반을 생일선물로 받았다. 〈못다 핀 꽃 한 송이〉, 〈다시는 사랑을 안 할 테야〉, 〈정녕 그대를〉 등이 수록된 음반의 재킷 이미지는 야구 모자를 눌러쓰고 코트 깃을 올려 세운 그를 부감으로 찍은 모습이었다. 빗물이 땅에 고였는지 물에 그림자가 비쳐 보였는데 전체적으로 블랙 톤이었다. 1980년대의 청춘들은 친구의 생일에 LP판이나 시집을 선물하는 일이 흔했다. 아마도 김수철의 팬이었던 친구는 자기가 좋아하는 가수의 노래를 내게도 들려주고 싶었던 모양이다. 그 음반이 음악을 반대하는 부모님의 뜻에 따라 대학원 진학을 결정한 김수철이 '나만의 은퇴 기념음반'으로 생각하고 만든 것이라는 속사정은 최근에 그의 책을 읽고 알게 되었나. 나생스럽게도 그의 솔두 l십은 은녀 음반이 되지 않았기, 우리 곁에는 아직 김수철과 그의 음악이 건재하다. 나는 그와 동시대를 살며 그의 음악을 듣는 행운을 누리고 있다.

음악평론가 신현준은 가수 김수철의 행보에 대해 〈창비 웹진〉에 이런 칼럼을 남겼다. "그는 '가요인 김수철'로부터 '국악인 김수철'로 변신했다. 즉, 연예인으로부터 예술인으로의 변신이었지만, 그것이 생활의 어려움이 노정되어 있는 길이라는 것은 누가 보아도 명백하다. 그가 발표한 음반들 중 〈서편제〉의 영화 사운드트랙을 제외하고는 '히트'하지 못했고, 그 결과 그는 알아주는 사람 없는 일을 외고집스럽게 추구하는 인물로 남게 되었다." 그리고 이어서 "너무도 아이러닉하게도 김수철이 국악을 선택하면서 '한국적 록'의 가능성은 사라져 버렸다. 완전히 사라져 버린 것은 아니라고 하더라도 중요한 계기를 잃어버렸다"라고 김수철의 변신에 대한 아쉬움을 토로했다. 2002년의 일이다.

그는 인기가수의 위치에 편안하게 머무르지 않고 남이 하지 않는 일을 하는 김수철의 어려움을 걱정해서 저런 글을 쓴 것이리라. 과연 김수철이 뭘 했기에 저렇게 여러 사람을 걱정시키는 것일까?

김수철은 1984년부터 1986년까지 연말 굵직한 가요대상을 전부 차지하고, 가왕 조용필을 위협할 정도의 인기를 얻은 정상급 대중가수였다. 대중적으로 이렇게 엄청난 성과를 내고도, 그는 인기와 상관없이 하고 싶은 음악을 하는, 어찌 보면 기인의 행보를 걷고 있다. 39년째 하고 있는 우리 국악의 현대화 작업이 바로 그것이다. 그는 거문고 레슨을 시작으로 국악 관현악단의 기본 악기와 우리 장단을 배우겠다고 작심했다. 피리, 대금, 가야금, 아쟁, 사물…. 다 배우려면 30~40년은 걸리겠다 싶었지만 주경야독으로 낮에는 활동하고 밤에는 국악 선생을 찾아가 배우기를 계속했다. 그런 배움을 토대로 우리 소리를 현대화, 클래식화, 대중음악화하고, 뉴에이지 같은 새로운 장르로도 만들기 위해 39년 동안 작곡-연주-공부-작곡-연주-공부를 반복하고 있다. 기타를 국악에 응용한 '기타 산조'라는 것도 그가 곡을 만들고 이름을 붙인 새로운 장르다.

그렇게 공부해서 음반을 냈다. 국악 음반만 25장을 냈는데, 100만 장이 넘게 팔린 영화 〈서편제〉 OST 음반 하나 빼고는 다 망했다. 가요 음반으로 번 돈을 모두 다 투자하고도 모자라 빚도 졌다. 그런데도 계속했다. 하다 보니, 86 아시안게임, 88 올림픽, 97 대전엑스포, 97 동계유니버시아드대회, 2002 월드컵 개막식과 조 추첨 행사음악, G20 정상회의까지 7개 국제행사 음악을 다 하게 됐다. 지금 김수철은 우리 음악을 서양악기 연주곡으로 작곡하여 세계인이 듣고 공감하게 만들 수 있는 거의 유일한 사람이 되었다.

김수철이 국악을 현대화하여 대중에게 알리려고 고군분투하는 동안 40여 년이 흘렀다. 그런데 여전히 국악은 안 팔린다. 국악은 광고에 쓰이는 일도 아주 드물다. 1992년 박동진 명창이 〈흥보가〉의 한 대목을 불렀던 솔표 우황청심원 광고는 큰 인기를 끌었지만, 국악을 소재로 한 다른 광고가 제작되는 유행을 만들지는 못했다. 2005년 LG그룹 광고에, 2008년에는 이가탄 광고에 국악 연주와 소리가 소재로 쓰였고, 2013년 KT의 광대역 LTE TVCM에 국악인 송소희가 나와 창으로 메시지를 전한 것 정도가 눈에 띌 뿐이다. 국악이 등장하는 광고는, 개그프로그램에

시 히드힌 하니의 유행이를 사용해 민들이지는 괴고 솟자보다도 지다,

솔표 우황청심원의 광고모델은 지금은 작고한 박동진 명창이다. 그는 광고 속에서 〈흥보가〉 중 '놀보, 제비 몰러 나가는 대목'을 부른 뒤 "우리 것은 소중한 것이여"라고 말한다. 하지만 박동진의 광고 이후에도 오랫동안 우리 것은 내게 소중하지만 지루하고 고루한 것이었다.

김수철은 천재다. 신시사이저와 하프시코드 등 서양의 소리와 중국악기 '얼후', 우리 전통악기 피리, 아쟁, 태평소, 대금 등의 소리를 조화해 작곡한 〈팔만대장경〉을 들으면 천재가 아니면 만들 수 없는 곡이라는 생각을 하게 된다. 전자기타를 메고 사물놀이패 한가운데 서서 꽹과리, 징, 장구, 북과 주거니 받거니 신나게 연주하는 모습을 보면 나도 모르게 어깨춤이 나온다. 그의 연주를 들으면서 '우리 것'에 대한 지금까지의 내 생각이 변했다. 김수철이 만든 우리 음악을 통해 비로소 '우리 것'은 나에게 '소중한 것'에서 한발 더 나아가 신나는 것, 재미있는 것, 즐기고 싶은 것이 되었다.

어느 인터뷰에서 김수철은 말했다.
"국악은 왜 가요처럼 즐기지 못하나, 이런 숙제를 안고 실험하고 있고요. 우리 정신과 의식을 담아 현대화한 음악을 궁극적으로는 세계에도 알려야지, 여기까지가 제 목표예요."

그는 학전 무대에서, 언젠가 100인조 국악 오케스트라를 만들어 공연하는 것이 꿈이라고 이야기했다. 그 꿈이 이루어지는 현장에 관객의 한 사람으로 함께하는 것이 내게는 새로 생긴 꿈이 되었다.

조선무약, 솔표 우황청심원, TVCM, 1992

박동진	제비 몰러 나간다.
제자들	제비 몰러 나간다.
박동진	제비 후리러 나간다.
제자들	제비 후리러 나간다.
Na.	내일로 이어지는 변함없는
	우리의 가락처럼
	솔표 우황청심원의 약효도
	내일로 이어집니다.
박동진	잘한다!
	우리 것은 소중한 것이여
Na.	우리의 것 우리의 자랑,
	솔표 우황청심원.

08

사람꽃 활짝 핀 세상은 언제나 봄

3월 말까지도 간간이 찬바람 불어 옷깃을 여미게 하더니 4월이 되자 뺨에 닿는 바람이 마술처럼 부드러워졌다. 남녘의 동백과 매화 소식이야 진작에 들었지만 서울에서도 목련과 개나리, 진달래가 시나브로 피고 벚꽃이 와글와글 봉오리를 열기 시작했다. 어느새 통통하게 물이 오른 가로수 가지들도 거리에 연둣빛을 뿜어내고 있다. 다행이다, 긴 겨울이 지나고 올해도 어김없이 봄이 왔다. 지난 겨울엔 몸과 마음이 유난히 추웠다. 많은 날을 추운 광장에서 서성여야 했고, 지나간 날에 대한 후회와 내일에 대한 걱정으로 마음 졸였다. 그래서 어느 때보다 더 봄을 기다렸다.

봄은 꽃의 계절이다. 분홍 하양 노랑 꽃들이 천지를 가득 채운다. 봄엔 밤길을 걸어도 어둡지 않다. 활짝 핀 목련이, 흐드러진 벚꽃이 달처럼 환하게 밤을 밝힌다. 꽃놀이 나선 사람들이 고속도로를 가득 채우고 있다는 뉴스가 들린다. 참지 못하고 나도 친구들과 함께 길을 나섰다.

SK텔레콤, '꽃 1' 편, TVCM, 2007

자막
/
재잘재잘 노란 개나리
찬란한 봄을 기다리는 목련
영혼까지 맑은 백합
아직도 내겐 제일 예쁜 장미
평생 자식만 바라보는 해바라기
8천만의 가슴에 피는 무궁화

Na.
/
사람보다 아름다운 꽃은 없습니다.
사람을 향합니다.

아장아장 걷는 딸의 손을 잡고 천천히 걷는 아빠가 있다. 엄마는 한 걸음 앞에서 두 사람의 모습을 카메라에 담는다. 다정한 연인이 팔짱을 끼고 걷는다. 꽃보다 서로의 얼굴을 쳐다보느라 바쁘다. 서로 모르는 남인 양 한 걸음 떨어져 걷는 노부부도 보인다. 세 발자국쯤 멀어지면 할아버지가 멈추어 서서 뒤따라오는 할머니를 기다린다. 할머니가 가까이 오면 할아버지는 다시 몸을 돌려 앞서 간다. 보고 있으면 저절로 미소가 지어진다. 봄꽃길에서 만난 사람들에게서 "사람이 꽃보다 아름답다"는 유행가 가사를 실감한다. 바로 그 통찰을 담은 TV광고가 있다. 10여 년 전 집행된 SK텔레콤의 광고 두 편이 바로 그것이다.

저요, 저요! 손을 번쩍 들고 있는 유치원 아이들 사진 위로 개나리가 살며시 나타난다. 사진 위로 나타나는 자막, "재잘재잘 노란 개나리". 금방 웃음이 터질 것 같은 여고생들의 교실 사진에는 목련과 함께 "찬란한 봄을 기다리는 목련"이라는 자막이 뜬다. 자애로운 미소를 짓고 아이들의 손을 잡고 있는 수녀님 사진 위에는 "영혼까지 맑은 백합"이라는 글귀가, 앞치마 두르고 주방에 있는 아내의 사진 위에는 "아직도 내겐 제일 예쁜 장미"라는 자막이 얹힌다. 버스 정류장에서 누군가를 기다리는 할머니 사진 위에는 "평생 자식만 바라보는 해바라기"라는 글이, 마지막으로 남북철도 연결구간 열차 시험운행 사진에는 "8천만의 가슴에 피는 무궁화"라는 자막이 꽃과 함께 쓰인다.

다른 편도 구성은 똑같다. 움직임 없는 흑백사진. 그 사진 속 사람과 어울리는 꽃과 자막이 사진 위로 뜨고, 비틀즈의 〈렛 잇 비〉(Let it be)가 배경음악으로 흐른다. 광고 안에서 새벽시장 씩씩하게 리어카를 미는 아주머니는 세상의 아침을 여는 나팔꽃이 되고, 전방에서 보초

SK텔레콤, '꽃 2' 편, TVCM, 2007

자막
/
세상의 아침을 여는 나팔꽃
사랑의 씨앗을 나누는 민들레
씩씩하게 자라나는 들꽃
어두운 밤을 지키는 달맞이꽃
평생 자식만 바라보는 해바라기
5천만의 가슴속 무궁화

Na.
/
사람보다 아름다운 꽃은 없습니다.
사람을 향합니다.

를 서는 병사는 어두운 밤을 지키는 달맞이꽃이 된다.

오랜만에 이 광고들을 다시 보니 오십이 넘은 딸에게도 전화할 때마다 밤길 조심하라고, 밥 잘 챙겨 먹으라고 걱정하시는 엄마가 생각난다. 우리 엄마, 자식밖에 모르는 미련한 해바라기 우리 엄마…. 개나리 같고 들꽃 같던 내 아이들의 모습도 스쳐 지나간다. 가끔은 가시엉겅퀴꽃처럼 아프게 찌르기도 하더니, 이제는 옆에만 있어도 향기로 가득 차는 라일락처럼 훌쩍 자랐다.

생각해 보면 내 곁에는 사람꽃이 가득하다. 먼 나라를 떠돌다 돌아왔을 때 가장 먼저 반겨준 동백 같은 유선이, 나를 웃게도 하고 울게도 하는 수선화 같은 승연이, 생색내지 않고 챙겨 주는 제비꽃 닮은 영미, 잃어버린 휴대전화를 찾아준 이름 모르는 풀꽃 버스기사 아저씨, 국화꽃 선배들, 백일홍 동료들, 봉숭아 후배들….

내게 꽃이 되는 이들에게 나는 어떤 꽃일까? 화려하진 않아도 향기롭고 오래 지지 않는 꽃이 되어야지 하는 착한 다짐을 한다. 내가 꽃이 되고 내 곁에 사람꽃이 피어있는 한 나의 1년은 365일 내내 꽃피는 봄이 될 것이다.

이런 착한 생각을 TVCM으로 만든 보험회사가 벌써 있다. 카메라는 거리를 걷고 공부하고 일터를 지키고 웃고 생각하는 평범한 우리의 모습을 담았다. 보험이라는 업의 속성상 엔딩은 행복한 가족의 모습이다. 그 위로 잔잔한 내레이션이 이어진다.

삼성화재, '당신의 봄' 편, TVCM, 2017

Na.

/

인생을 열두 달로 나눈다면 당신은 지금 몇 월입니까?

찬바람 불거나 꽃이 피거나 당신은 지금 무슨 계절입니까?

가슴속에 희망의 새싹이 자라던 때는

삶이 눈부시게 아름다웠던 때는 언제였습니까?

누구나 인생엔 사계절이 있다지만 우리는 생각합니다.

보험은 봄을 닮아야 한다고.

봄이 누구에게나 찬란하고 따뜻하듯 보험도 그래야 한다고.

어떤 상황에서도 보험만큼은 모든 두려움을 없애고

앞으로 더 나아가게 하는 힘이자,

세상을 따뜻하게 비추는 빛이 되어야 한다고 우리는 믿습니다.

모두의 오늘에 찬란한 봄이 올 때까지.

당신의 봄, 삼성화재.

4월이다. 바람 따스하고 꽃들 다투어 피니 틀림없는 봄이다. 내세울 것 하나 없는 평범한 일상을 살고 있지만, 정다운 사람꽃 늘 곁에 피어 있고, 마음속에 작은 소망 꺼지지 않았으니 내 인생도 틀림없이 봄이다. 1년 내내 끝나지 않는 봄이 될 것이다.

09

이것은 뽐내기보다
견디기 위한 몸

"겨드랑이 아래 근육을 아래로 더 내리세요."

"날갯죽지끼리 만나는 느낌으로 더 조여 보세요. 조금만 더, 더!"

"가운데 등 근육을 당기세요. 자, 이번에는 쇄골을 쭉 내밀고 자랑!"

"숨을 크게 들이쉬세요, 근데 배가 볼록하고 나오면 안 돼요."

"갈비뼈를 닫고 골반은 중립, 치골은 바닥에 붙이세요."

필라테스를 가르치는 코치는 거기 있는지도 모르고 있었던 근육과 뼈를 이리저리 움직이라고 명령한다. 코치의 지시에 따라 부들부들 떨며 동작을 바꾸는데 마음대로 몸이 움직이질 않는다. 내가 내 몸에 대해 참 모르고 있구나, 새삼 깨달았다.

나는 내가 당연히 바른 자세, 바른 균형을 가지고 있다고 생각하고 있었다. 그러나 내 목은 거북이처럼 일자로 뻣뻣하고 어깨는 앞으로 굽어 있다. 아랫배에는 허벅지를 들어 올릴 힘이 부족하고, 왼쪽 골반은 살짝 삐뚤어져 있다. 필라테스를 하기 전에는 몰랐던, 의식하지 않았던 내 몸의 기형들이다. 어쩌다 이렇게 됐을까? 초등학교에 입학한 후로 수십 년 동안 몸 쓰는 일은 게을리하고 책상 앞에만 주로 앉아 있있따 낌까가 꼮에 나타나 싄일 세나 얀바씁깨눈 나는 이꾜에 다닐 때 몸을 움직이는 일이 즐겁다는 사실을 배우지 못했다. 중간고사나 기말고사 때는 체육까지 필기시험을 보았으니, 체육은 즐거운 운동이 아니라 골치 아픈 시험과목일 뿐이었다.

학교를 졸업하고 나서는 더욱더, 운동은 내게 일보다 한참이나 뒷순위가 되었다. 재미도 없는데 시험을 볼 일도 없으니 억지로라도 운동할 이유가 없었다. 또 몸과 머리를 쉬는 완전한 휴식이란 영화 속에나 나오는 얘기였다. 집마저도 휴식의 공간일 때보다 살림과 육아를 해야하는 또 다른 일터일 때가 많았다. 그렇게 세월이 흐르는 동안 나의 몸은 만성피로를 얻었고, 근육이 빠져나간 자리에는 시나브로 지방이 쌓였다.

나만 그랬던 건 아니다. 이 땅의 많은 아빠와 엄마가 가족의 내일을 위해 스스로의 오늘을 희생했고, 그 결과 볼품없는 몸매를 가지게 되었다. 엄마와 아빠의 몸이 S라인이나 식스팩에서 점점 멀어질수록 아들과 딸은 자랐고, 우리나라의 국민소득은 늘었다.

2013년, 대웅제약은 차두리가 "간 때문이야!"를 부르던 코믹 광고와는 완전히 다른, 심각한 톤의 우루사 광고를 만들어 내보냈다. 영상은 1분 가까운 시간 동안 살은 안 쪘는데 배는 불룩 나온, 반바지만 입은 중년 남자의 모습을 흑백화면으로 보여 준다. 꼼짝 안 하고 서있는 남자의 뒤로는 검은 재가 날리고, 한마디 내레이션도 없이 붓으로 쓴 자막이 메시지를 전한다.

대웅제약, 우루사, '전사의 몸' 편, 극장/인터넷 광고, 2013

자막

/

이것은 몸

이것은 뽐내기보다 견디기 위한 몸

사랑받기보다 사랑하기 위한 몸

야근과 잔업에 굴하지 않으며 음주에도 휘청이지 않는 몸

이것은 날아오는 화살을 묵묵히 견디며 내리는 비를 대신 맞는 몸

이것은 쉽게 아프다 하지 않으며 아파서도 안 되는 몸

이것은 시련에 익숙하며 지켜야 할 게 많은 몸

이것은

가족을 묵묵히 짊어지고

세상과 홀로 싸워온

그래서

누구도 감히 얕볼 수 없는 아버지라는 이름의 전사의 몸

평생 온몸으로 가족을 부양해온

대한민국 아버지를 응원합니다.

이 캠페인은 우루사가 함께합니다.

광고는 볼품없는 아버지의 몸을 전사의 몸이라 말한다. 가족을 짊어지고 세상과 홀로 싸워온, 지킬 것이 많은 몸이라고 얘기하고 있다. 고개가 저절로 끄덕여진다. 이두박근도, 튼실한 허벅지도 없는 초라한 몸이지만, 가장이라는 엄숙한 의무를 묵묵히 견뎌온 위대한 몸이다. 누구도 함부로 얕볼 수 없는, 못생겼다고 손가락질할 수 없는 몸이다.

나는 마음에 안 드는 몸이지만 내 몸에 대한 삐딱한 시선을 거두기로 했다. 피부는 탄력을 잃어 점심 때까지 베갯자국이 선명하고, 툭하면 손목이며 발목이 아프고, 관절은 삐그덕거리는 내 몸을 있는 그대로 예뻐하기로 마음먹었다. 꼭 우루사의 광고를 보았기 때문만은 아니다. 사는 동안 몸에 나쁜 일들을 얼마나 많이 해왔는지 누구보다 내가 잘 알기 때문이다. 그런데도 평생 나를 떠나지 않고 내 곁에 있어준 낡고 지친 내 몸이 조금은 안쓰럽게 느껴진다. 이제부터라도 하나뿐인 내 몸을 살뜰히 보살피고 알뜰히 친해지고 싶다. 몸에 기울이는 관심을 하찮게 여기는 편견일랑 바람에 날려 버리자. 이제 몸이 하는 소리에 귀 기울여야 할 나이가 되었다.

10

결국… 인생이란 뭘까?

검은 양복 차림의 남자 세 명과 기모노를 입은 여자 한 명이 각각 우
산을 쓰고 서있다. 일본의 신사나 사찰로 보이는 장소의 정원이다. 50
대 후반에서 60대 초반으로 보이는 네 사람은 어릴 때부터의 친구로
보인다. 누군가의 장례식을 치르고 난 뒤 그냥 헤어지기가 허전해 모여
있는 것 같다. 그중 한 남자가 웃음기 없는 진지한 얼굴로 말한다. 이
제 지위도, 영예도 필요 없다고, 돈도 조금만 있으면 된다고. 말은 그렇
게 하는데 지위도 있어 보이고 돈도 많아 보이는 인상이다. 평생 지위
와 명예, 돈을 추구해온 사람처럼 보이기도 한다. 다른 친구가 믿을 수
없다고, 그럼 뭐가 필요하냐고 묻는다. 그의 대답은 '사랑'이다. 귀밑머
리 허연 남자가 돈은 조금만 있어도 되고 사랑만 필요하다고 얘기하
니 웃음이 나온다. 산토리에서 만드는 캔커피 '보스 오토나노류우기'의
TVCM에 나오는 대화다.

보스 오토나노류우기의 광고는 3편의 시리즈로 제작되었다. 3편을 연
속해서 보면 이들의 대화가 좀더 의미심장하게 다가온다. 광고는 친구
의 죽음을 계기로 깨닫게 된 통찰을, 네 사람의 목소리로 너무 심각하

지도 않고 너무 가볍지도 않게 들려주고 있다.

설탕과 지방이 없는 캔커피를 질투심이나 허영심, 돈과 자리에 대한 욕심을 버리게 되는 혹은 버려야 하는 중년 이후 노년의 특징과 결합해 표현한 것이 재미있다. 광고는 성인병에 노출된 노년의 몸이 지방과 설탕을 버려야 하는 것처럼, 노년의 마음은 쓸데없는 욕심이나 겉치레를 버려야 한다고 말하고 있다. 노인이 다 된 나이에도 알 수 없는 것이 인생이라는 솔직한 고백도 공감을 일으킨다. 보스에 붙은 브랜드명 '오토나노류우기'(大人の流儀)는 성인의 방식이라는 뜻이다. 일본어 사전을 보니 '류우기'(流儀)는 '그 사람의 독자적인 방식'이라는 뜻을 가지고 있다. 캔커피 이름 하나에도 인생의 철학을 담는 산토리라는 회사가 놀랍다. 겨우 15초짜리 광고 세 편에 그렇게 심오한 이야기를 그렇게 힘을 빼고 아무렇지도 않게 담을 수 있는 카피라이터의 재치가 부럽다.

보스 광고 속에서 죽은 이는 어떤 삶을 살았기에 남은 친구들에게 이런 상념을 불러일으켰을까? 평생 탐욕스럽게 돈과 지위를 좇았을까? 질투와 허영으로 인심을 잃었을까? 아니면 병에 걸린 줄도 모르고 일만 하다가 허무하게 죽었을까? 생각은 '내가 죽으면 나의 지인들은 나에 대해 어떤 이야기를 나눌까?' 하는 데까지 뻗어 나간다. 내가 참석할 수 없는 행사에 나를 아는 사람들이 모여 내 얘기를 나누는 장면을 상상하니 이상한 기분이 든다. 나의 죽음을 조문하러 온 사람들에게 전할 메시지라도 미리 적어 둘까 하는 생각도 든다. 나 재미있게 살다가 미련 없이 떠나니 너무 슬퍼하지 말고 국밥 한 그릇 배불리 먹고 가라고. 죽으면 못 하니까, 살아 있는 너희들은 서로 마주 앉아서 밥 한

산토리, 보스 오토나노류우기 시리즈 1, TVCM, 2011

남 1 난 이제 지위도 필요 없어.

　　　영예도 필요 없어.

　　　돈도 조금만 있으면 돼.

남 2 믿을 수 없군.

남 3 그럼 넌 이제 뭐가 필요한데?

남 1 사랑.

여　　앗하하하하!

Na.　설탕도 필요 없다.

　　　지방도 필요 없다.

　　　보스 오토나노류우기.

산토리, 보스 오토나노류우기 시리즈 2, TVCM, 2011

남 3   질투심

남 2   허영심

남 1   전하지 못한 마음

여   절대 말할 수 없는 비밀

남 1   우리 어른들은

남 2   쓸데없는 것을

남 3   끌어안고 살고 있어.

Na.   설탕도 필요 없다.

        지방도 필요 없다.

        보스 오토나노류우기.

산토리, 보스 오토나노류우기 시리즈 3, TVCM, 2011

남 3   결국… 인생이란 뭘까?

여   옛날에 그런 얘기 자주 했었지요.

남 1   어른이 되면 알게 될 거라고
           생각했는데 말야.

남 2   난 알고 있어.

여   응?

           (모두 궁금한 표정으로 남자 2를 돌아본다.)

Na.   설탕도 필요 없다.
           지방도 필요 없다.
           보스 오토나노류우기.

남 2   (재채기) 에이취!

버 더 먹으라고.

찾아 보니 본인의 장례식에 살아 있을 때 자신이 선곡한 음악을 틀어준다는 내용의 TVCM도 있다. 전 세계 시장 점유율 1위 음악 스트리밍 서비스 '스포티파이'(Spotify)는 2017년 죽은 이가 자신의 장례식에 쓸 음악을 미리 선곡해서 플레이리스트(play list)에 담아 둔다는 내용으로 동영상광고를 만들었다. 장례식에서 관을 든 사람들은 슬픈 표정으로 눈물을 흘리면서도 록 음악에 맞추어 춤을 춘다. 흘러나오는 음악은 장례식의 엄숙함과는 거리가 먼 미국의 록밴드 DNCE의 〈바디무브스〉(Body moves)라는 노래다. 광고모델로 나선 DNCE의 멤버는 장례식에서 자신들의 노래를 틀면 엉망이 되지 않을까 걱정하는데 의외로 영결식의 분위기는 나쁘지 않다. 관을 들고 춤을 추는 사람들은 망자가 마련해준 잔치판에 모여 슬프지만 평생 잊지 못할 파티를 즐기는 것처럼 보인다. 장례식이 꼭 조용하고 슬프라는 법이 있나? 장례식에서 이런 재미있는 일도 가능하구나, 신선한 발견이다.

스포티파이 광고의 유튜브 링크 아래에는 많은 사람이 자신도 죽으면 좋아하는 노래를 틀고 알록달록 화려한 색상의 옷을 입고 조문 오라고 하겠다는 댓글을 달았다. 외국인인데 BTS나 2NE1의 노래를 틀겠다는 사람도 있다.

나도 내가 죽은 뒤 문상 온 사람들이 너무 무거운 마음이 되지 않았으면 좋겠다. 그러려면 유쾌하게 살다가 즐겁게 죽어야 한다. 돈은 조금이면 되고 영예나 지위, 지방과 설탕은 필요 없고, 단 하나 필요한 건 사랑이라는 보스 TVCM의 충고를 따르면 가능할 것도 같다. "전하지

스포티파이, TVCM, 2017

남
/
알리맨이라는 사용자가
"내 장례식에서 이것들을 틀어줘"라는 플레이리스트를 만들고
거기에 우리 노래 몇 개를 올려놓았대.
장례식에서 누군가가 우리 노래를 듣는 건 상상도 할 수 없는 일인데….
장례식이 좀 엉망이 되지 않을까?

노래
/
(DNCE의 바디무브즈)

자막
/
"내 장례식에서 이것들을 틀어줘"
그녀는 자신의 장례식에서 당신이 이 노래를 듣기 원했을 거예요.
(스포티파이에서 플레이리스트를) 찾고 팔로우하고
그리고 당신의 플레이리스트를 만들 수도 있어요.

못한 마음"이나 "절대 말할 수 없는 비밀"은 믿듣지 믿자, 질투나 허영심에 이끌리시 말고, 나만의 방식대로 내 스타일의 삶을 사는 거다. 보스 오토나노류우기나 스포티파이 영상광고가 전하는 메시지처럼 남은 인생 남의 눈으로 나를 보는 일 따위는 절대 하지 않으리라, 다짐하고 나니 다가오는 더위도, 나이 먹는 일도 두렵지 않게 느껴진다.